단순투자에
전문지식을 더하다

투자 팁스

TIPS

최재용 지음

휴앤스토리

언제부터인지 우리는 투자가 일상이 된 시대에 살고 있다. '주린이, 동학개미, 서학개미' 같은 말들이 일상어가 되고, 만나기만 하면 주식, 부동산 얘기로 열변을 토하는 시대가 된 건, 아마도 저금리로 시장에 유동성이 풍부해지면서 자산가격 오름세가 급격해진 2015년 이후부터였던 것 같다.

사실 우리 주변에 투자라는 개념은 늘 있었다. 달라진 건 투자할 대상이 훨씬 다양해진 것과 투자대상의 가격이 아주 많이 올랐다는 사실 두 가지뿐이다. 우리가 투자에 별다른 관심을 두지 않았던 아주 이른 시기에 투자의 대열에 뛰어들었던 사람들이 이룬 부(富)를 부러워하는 건 어쩔 수 없지만, 그렇다고 후회하거나 그들을 질시할 필요는 없다. 먼저 투자했던 사람들도 모두 똑같이 위험을 두려워했고 망설였다. 다만 그들은 과감히 행동했고, 결과를 얻었다는 점에서 달랐다. 투자하지 않았던 사람들은 나름대로 이유가 있고, 대신 다른 가치를 추구했기 때문에 각자 다른 보상 또는 기회비용이 있었다고 생각하면 그만이다.

다만 중요한 건 지금부터다. 사실 지금의 투자환경은 예전보다 훨씬 더 좋아졌다고 보아야 한다. 이제 주식투자를 투기로 보는 사람은 거의 없다. 부동산이나 코인 투자도 아직 시각이 제각각이지만, 예외적인 경우가 아니라면 투자의 범위에 포함하는 게 대세이다. 즉 투자에 대한 인식이 훨씬 더 우호적으로 바뀐 것이다. 또한 투자대상이 훨씬 더 다양해졌다는 건 투자 선택의 폭이 넓어졌다는 의미이므로 매우 좋은 일이다. 두 번째 변화, 즉 투자자산의 가격이 이미 너무 많이 올랐다는 점이 큰 부담인데, 역사상 가격이 비싸지 않았던 적은 단 한 번도 없었다고 생각하면 이마저도 걸림돌이 될 수는 없다.

서두를 이렇게 길게 이야기하는 건 투자가 일상이 된 시대가 이제 막 시작되었다는 점을 강조하고 싶어서이다. 다가올 다음 세대의 다음 세대는 지금보다 더 투자가 일상적인 현상이 될 것으로 생각한다. 욜로(YOLO)족이나 소확행을 주장하는 사람들은 과연 투자가 왜, 얼마나 필요할까? 하고 반문할지도 모른다. 그러나 작은 투자도 투자이며, 현재보다 나은 내일, 내 아이들의 좀 더 나은 미래를 꿈꾸는 열정이 존재하는 한 투자에 관한 관심은 점점 더 커질 수밖에 없다. 어떻게 보면 모든 자산가격이 크게 오르면서 그동안 투자에 전혀 관심도 없던 사람들조차 투자를 해볼까 하고 생각하는 지금이 중요한 시점이다.

이 책은 일상이 된, 그리고 더 일상이 될 '투자'와 관련해 평소 관심 있게 지켜보았던 이슈들을 정리한 내용이다. 투자에 관한 책들이 너무 많아 어떨지 모르겠지만, 책의 목적은 단 하나이다. '투자에 도움이 될 만한 지식을 쉽게 소개하는 것'. 특히 최근 영투(영혼까지 끌어모아 투자), 빚투(빚내서 투자)를 한 이들의 반 정도가 2030 세대이며 그 결과가 좋지 못한 경우도 상당하다는 기사를 볼 때마다, 개인투자자들에게 무언가 실질적으로 도움이 되는 투자지식을 더해줄 수 있으면 좋겠다는 생각을 많이 했다. 공적투자기관에서 커리어의 대부분을 보내면서 쌓은 지식과 업무 경험을 바탕으로 단순투자자들이 투자 관련 실무와 전문지식을 좀 더 체계적으로 갖출 수 있게 돕고 싶다는 바람이 책을 쓴 가장 큰 동기다.

책은 업무 경험, 각종 투자이론서, 글로벌 투자은행들의 프라이머, 경제 전문지를 읽으며 떠오른 생각 등 다양한 리소스를 참고하였다. 너무 깊은 수준의 논의는 다루지 않지만 쉽게 훑어보기 좋은, 그러다 보면 우리 개개인의 투자생활에 도움이 될 만한 다양한 투자 팁들을 약간은 체계적으로 습득할 수 있는 그런 책자가 되었으면 하는 소망으로 글을 남긴다.

CONTENTS

프롤로그

PART 1
투자의 기본개념들

PART 2

투자의 흐름 변화 중 중요한 것들

CONTENTS

PART 3
기관 투자자들의 주요 투자 프랙티스

PART 4
알아두면 좋은 투자 관련 이슈들

PART 01

투자의 기본개념들

- 1 -
국제금융시장의 실체는
어떤 모습일까?

패스트머니 vs 리얼머니

우리는 일상에서 국제금융시장이란 용어를 아주 많이 접한다. 그런데 그 실체가 무엇인지는 잘 그려지지 않는다. 국제금융시장이란 무엇일까? 설명하기가 쉽지 않다. 금융시장인데 국내에 한정하지 않고 전세계에 걸쳐 있는 시장? 금융시장은 또 무엇인지. 시장이 따로 있는 것도 아닌데 어떤 걸 금융시장이라 하며, 전 세계에 걸쳐 거래한다는 의미는 또 무엇인지 복잡하기만 하다.

국제금융시장의 실체를 그려보는 가장 쉬운 방법은 먼저 돈을 움직이는 주체들을 살펴보는 것이다. 이렇게 보면 돈을 단기로 운용하는 패스트머니(fast money)와 장기로 운용하는 리얼머니(real money)로 분류해볼 수 있다. 소위 핫머니라고도 불리는 패스트머니에는 단기차익 목적의 헤지펀드, 단기운용 성격의 머니마켓펀드, 투자은행들이 주로 운용하는 단기투자자금, 단기외환거래자금 등이 있다. 한편, 보통 시장의 큰손이라 불리는 리얼머니는 연기금, 보험, 중앙은행(외환보유액), 국부펀드 등 기관 투자자들이 운용하는 자금들을 포괄하여 부르는 개념이다. 고객의 자금을 받아 투자하는 뮤추얼펀드나 사모펀드는 장단기 구분에 따라 양쪽 모두에 해당될 수 있다.

그럼 먼저 패스트머니부터 살펴보자. 패스트머니는 투기적 성격이 강해 시장의 변동성을 높이고 불안을 가중시키는 속성이 있다. 하지만 다른 한편으로는 자금의 수급을 원활히 함으로써 시장의 효율성을 높이는 긍정적 역할도 수행한다. 전자의 부정적 측면을 강조하여 패스트머니를 적절히 통제해야 한다는 목소리가 높은데, 규제를 강화하면 할수록 규제의 영향을 덜 받는 비은행 헤지펀드 쪽으로 투자자금이 몰리는 풍선효과를 유발하여 시장 불안이 더 커지는 부작용도 있다. 따라서 국제적인 패스트머니의 움직임을 잘 파악하는 건 투자에 있어 대단히 중요한 기본요소가 된다.

한편 리얼머니는 어떠한가? 최근 미국을 비롯한 주요국이 통화긴축을 강화하고는 있으나 금융위기 이후 이미 오랜 기간 공급되어온 글로벌 유동성을 바탕으로 리얼머니의 높은 시장 영향력은 앞으로도 계속될 전망이다. 그동안 시장이 어려울 때 중앙은행이 무한대로 자금을 공급하는 관행(연준 풋[1])이 계속되어 온 점도 리얼머니의 역할에 대한

---

1 미국 연준이 유동성 공급의 중심 역할을 수행해온 걸 빗대어 부르는 개념으로, 가격이 떨어져도 높은 가격에 처분하는 걸 보장해주는 풋옵션 개념을 차용하여 시장이 폭락해도 연준이 유동성을 충분히 공급하여 가격폭락을 막아준다는 의미이다.

시장의 기대를 높여주는 큰 계기가 되었다. 리얼머니가 대규모로 장기간 투자되는 자금이라는 점에서 리얼머니의 투자흐름은 자산가격의 장기적 방향성을 결정하는 매우 중요한 키잡이가 되므로 이 역시 투자자들이 반드시 파악하여야 할 자금흐름이다.

은행 vs 비은행

국제금융시장을 또 다른 각도에서 이해하는 방법은 거래부문별, 즉 은행과 비은행으로 나누어 보는 것이다. 예전에는 채권, 주식 등 거래에 있어 은행이 주된 거래주체였으나, 금융위기 이후 은행에 대한 규제가 강화되면서 자산운용사나 펀드 등 비은행부문이 주요 거래주체로 부상하고 있다. 자기자본규제 강화, 자기매매거래 제한 등으로 투자은행의 역할은 점차 줄어드는 반면, 고객의 자금을 대신하여 투자하는 펀드 등이 시장에서 차지하는 비중은 크게 늘었다. 일각에서는 이처럼 비은행부문의 시장영향력이 커지면서 외부 충격이 발생했을 때 고객의 환매요구(펀드런)가 집중될 위험이 높아진 점이 또 다른 위기를 불러올 수 있다고 경계하기도 한다. 시장충격이 있을 때마다 각종 펀드가 불가피하게 자산매각을 서두르는 현상(fire sale)을 초래함으로써 자산가격 폭락이나 유동성 위기를 맞을 수 있다는 위험성이 자주 경고되는 것이다.

먼저 은행 부문을 살펴보자. 은행은 전통적인 예대업무 위주인 상업은행과 투자업무 위주인 투자은행으로 나누어 볼 수 있다. 금융산업의 발전과 함께 상업은행업무와 투자은행업무를 겸업하는 모델이 일반화되었다가 금융위기를 계기로 금융기관의 건전성을 높인다는 명분으로 양자를 분리(ring-fencing)하는 방향으로 규제가 강화되었다. 투자은행은 현재 골드만삭스, 모건스탠리, 제퍼리스 같은 회사들만 순수 투자은행으로 살아남았다. 대부분은 상업은행과의 합병(BOA-Merrill, JPMorgan-Chase, Citi-Saloman 등)을 통해 투자은행으로서의 명맥만 유지하고 있을 뿐이다.

투자은행 업무는 크게 기업인수·합병(M&A), 주식과 채권의 발행·인수·매매, 외환거래, 기타 대체투자 등으로 구분된다. 여기서 기업인수·합병 업무는 M&A의 모든 과정을 주관하고 적정 기업가치평가 등을 제시하여 인수합병이 성공하면 양사로부터 수수료를 지급받는 사업으로, 자기위험 없이 수수료 수익을 극대화할 수 있는 가장 전통적인 투자은행 업무이다. 골드만삭스, 제이피모건, 모건스탠리 등이 이 분야의 전통적인 강자로 군림해 왔다. 주식과 채권의 발행은 투자은행의 또 다른 전통 사업분야로 몇몇 투자은행이 연합하여 주식공개매수(IPO)를 주관하거나 채권 공모 또는 사모발행을 추진하여 전체 발행액의 일정 규모(예: IPO의 7%)를 수수료로 지급받는 사업이다. 발행과정에서 채권이나 주식 일부를 투자은행이 직접 인수(underwriting)하여 투자자들에게 되파는 식으로 수익을 올리기도 한다.

금융위기 직후 볼커룰(Volker rule)이 도입되기 전까지는 투자은행이 자기자본으로 위험을 감수하며 매매하는 자기매매(proprietary trading)도 주요 수익원중 하나였다. 그러나 자기매매는 은행이 포지션 리스크를 부담하는 위험거래이기 때문에 손실발생 시 부실위험 등을 경계하여 지금은 금지되었다. 채권은 제이피모건, 뱅크 오브 어메리카(BOA), 씨티(Citi) 등이, 주식은 모건스탠리, 골드만삭스, 제이피모건 등이 전통적으로 강자였다. 외환거래는 투자목적뿐 아니라 무역이나 지급결제 등 대부분의 거래에 수반되는 거래로서 거래수수료는 적지만 규모와 빈도가 커 수익이 꾸준히 발생하는 대표적인 플로우 비즈니스[2]이다. 대부분 은행들이 대규모 외환거래사업부를 운영하고 있을 만큼 꾸준한 수익이 창출되는 분야이다. 이 밖에도 부동산, 사모펀드, 인프라 등 비전통적인 상품의 발행·인수·매매업무에 관여하고 수수료를 취득하는 대체투자 사업이 있는데, 전통적 사업부문이 위축되면서 최근에는 그 규모가 더 커지고 수익창출을 위한 전략적 중요성이 더 강조되고 있는 분야이다.

다음은 시장에서 그 비중이 점점 더 확대되고 있는 비은행 부문을 살펴보자. 비은행은 은행 이외의 각종 연기금과 보험, 펀드, 중앙은행 및 국부펀드 등을 이른다. 규모만 보면 연기금, 보험과 중앙은행 외환보유액 및 국부펀드 등 리얼머니의 비중이 가장 크다. 연기금은 일본

---

2 수수료는 적지만 꾸준히 매매가 이루어지는 거래를 플로우 비즈니스(flow business), 구조화채권 발행과 같이 매매의 빈도는 낮지만 수수료가 많은 거래를 스톡 비즈니스(stock business)라고 부른다.

(GPI), 노르웨이(GPF), 네덜란드(Sitchting Pensionenfonds ABP)에 이어 우리나라의 국민연금이 세계 4위 규모이다. 외환보유액은 중국이 부동의 1위이고 우리나라도 세계 10위권 내 수준이다. 연기금, 보험, 국부펀드 등은 장기로 자금을 조달하여 장기로 운용하는 구조이기 때문에 시장의 장기적 방향을 가늠하는 데 이들 기관의 움직임을 참고하는 것이 좋다. 리얼머니들은 자산/부채 간 연계운용(ALM)에 초점을 두고 부채지급률을 초과하는 장기운용수익률 확보를 목표로 자금을 운용한다. 따라서 잦은 매매보다는 위험대비수익이 높은 상품을 될 수 있으면 만기까지 보유하는 전략을 쓰는 경우가 많다. 이 밖에 은행부문의 시장영향력이 약화되면서 새로운 투자 주체로 크게 조명받고 있는 비은행 부문으로 뮤추얼펀드 등 각종 펀드를 들 수 있다.

다양한 펀드들

뮤추얼펀드는 쉽게 말해 고객들의 자산을 위임받아 투자하는 자산운용사라 할 수 있다. 우리에게 익숙한 각종 펀드가 이에 해당된다. 주식형, 채권형, 혼합형, MMF, ETF 등을 운용하며 전 세계적으로 약 75,000개 이상의 펀드가 운용되고 있다. 금융위기 이후 오랜 저금리 상황에서 은행예금보다 수익성이 더 높은 각종 펀드 상품으로 시장유동성이 이동하면서 블랙록, 알리안츠, 뱅가드 등 대규모 펀드의 시장점유율이 높아졌다.

뮤추얼펀드는 기관 투자자와 개인 모두 고객이 될 수 있고 투자목적과 투자성향이 다른 다수의 투자자로부터 자금을 모아 운용한 후 성과를 지급하는 구조이기 때문에 고객자산이 투자 가이드라인에 부합되게 운용되고 있는지, 성과의 투명성은 높은지, 부채와 자산의 만기불일치 등 각종 리스크는 잘 통제되고 있는지 등에 대한 점검이 잘 이루어져야 한다. 뮤추얼펀드는 다양한 만기, 지역, 상품에 투자하면서 연기금처럼 자산부채연동(ALM)이나 만기보유전략에 치우치지 않고 단기매매, 자산배분 및 종목선택(security selection) 등 다양한 투자전략을 통해 시장수익률 이상의 수익(알파)을 확보하는 것을 최우선 투자목표로 한다. 따라서 지역 간, 상품 간, 만기 간 자금이동의 주요 주체로서 시장 영향력도 그만큼 크다. 전 세계적으로 펀드 규모가 점점 더 커지는 추세이기 때문에 투자의사 결정에 있어서 이들 펀드의 자금흐름을 주시할 필요가 있다.

뮤추얼펀드 가운데 대표적 단기펀드인 MMF는 단기금융시장의 흐름을 좌지우지하는 중요한 투자주체이다. MMF는 국채는 물론 상대적으로 금리가 높은 CP, CD 등 다양한 단기금융상품에 투자하는 단기 실적배당형 상품으로, 은행 예금에 비해 수익률이 높으면서 수시입출금이 가능해 자금을 단기로 운용하려는 투자자들에게 인기가 높다. 2008년 리만 파산 당시 '리저브 프라이머리 펀드(Reserve Primary Fund)'의 펀드런이 위기의 기폭제가 되었던 것처럼 금융시스템의 안정을 위해서는 MMF의 안전성을 유지하는 것이 매우 중요하다. MMF는 투자대상에 따라 '국채MMF'와 '프라임MMF'로 구분되는데 국채

MMF는 단기국채(T-Bills), RP 등으로 투자가 제한되는 반면, 프라임MMF는 CD, CP, TD(정기예금), 단기회사채 등 다양한 상품에 투자되어 신용위험이 상대적으로 높다.

뮤추얼펀드가 감독 당국의 엄격한 규제 하에 있는 규제권 자금이라면 헤지펀드나 사모펀드 등은 상대적으로 규제가 덜한 비규제권 자금이다. 금융위기 이후 규제 강화로 비규제권으로의 자금이동이 활발해져 비규제권 펀드의 시장 영향력이 점점 커지는 추세이다. 흔히 헤지펀드 하면 핫머니를 떠올리고 투기성, 공격성 자금으로 시장 불안만 키우는, 자기이득만 추구하는 탐욕의 주체로 인식하는 경향이 있는데, 헤지펀드는 말 그대로 리스크 헤지 등 다양한 투자전략을 추구하는 펀드 형태로 '투자제약을 최대한 배제하고 다양한 수익원을 추구하는 자유형 펀드'로 이해하는 것이 더 적합하다. 다만 무한한 수익모델이 있는 만큼 잠재된 위험 또한 크다는 점에 유의해야 한다. 브리짓워터 어소시에이트(Bridgewater Associates), 퀀텀펀드(Quantum Fund) 등 전 세계에 걸쳐 헤아릴 수 없이 많은 헤지펀드가 운영되고 있다. 자산규모는 작아도 행동반경이 워낙 넓어 국제금융시장의 배후에는 늘 헤지펀드가 자리하고 있다고 보아도 무방하다.

투자목표 측면에서 보면 뮤추얼펀드가 시장인덱스와 같은 벤치마크를 정해놓고 벤치마크 대비 초과수익을 극대화하는 전략을 취하는 데 반해 헤지펀드는 벤치마크 없이 절대수익률을 극대화하는 전략을 취하는 것이 일반적이다. 절대수익을 추구하는 만큼 투자제약도 거의 없어 전략설정이 자유로운데, 주요 투자전략으로는 ⅰ) 매크로 분석에 기초하여 방향성에 투자하는 매크로 전략(global macro), ⅱ) 저평가/고평가 종목을 발굴하여(저평가 롱/고평가 숏) 전략을 취하는 상대가치 전략(relative value), ⅲ) 낮은 비용으로 자금을 조달하여 고수익 상품에 투자하는 수익률 제고 전략(yield pick up) 등 크게 세 가지 유형을 들 수 있다.[3]

대표적 예를 들어보자. 글로벌 매크로 전략은 1992년 파운드화 폭락, 1994년 멕시코 위기, 1997년 태국의 달러화 연동제 포기, 1998년 아시아 외환위기, 2014년 취약국(fragile 5) 환율 폭락 등 글로벌 위기 시 각각의 시장 움직임에 대응하여 투자 포지션을 취하는 경우에 해당한다. 어느 나라든 경제 체력에 비해 환율이 고평가되어 있다고 판단되면 환율 절하를 예측한 투기성 자금(해당통화 매도)이 득달같이 몰려든다. 주로 헤지펀드가 중심 세력인 경우가 많은데, 이들 펀드의 환베팅이 바로 대표적 매크로 전략에 해당한다고 볼 수 있다.

상대가치 전략의 예는 1998년 당시 유명했던 전설적 헤지펀드 롱텀캐피털매니지먼트(LTCM)의 파산이다. 당시 LTCM은 자체 모델 등을 이용하여 고평가 종목을 공매도하고, 저평가 종목을 차입 매입하는 전략을 취하여 자기자본 없이 상대가치 차익을 극대화하는 사업모델을 활발히 이용했는데 레버리지 거래의 특성상 수익이 거의 무한대로 늘

---

3 이 부분은 뒤 '기관 투자자는 파생금융상품을 어떻게 활용할까?'에서 더 다루기로 한다.

어나 한때 월가의 부러움을 한 몸에 받았었다. 그러나 예기치 못한 러시아 모라토리움이 현실화되면서 차입했던 매입 포지션 가격이 폭락하고 연쇄적으로 상환 불능에 빠지게 되어 결국 도산하고 말았다. 과도한 레버리지를 이용한 상대가치 전략이 예기치 못한 시장충격에 직면했을 때 얼마나 큰 위기에 빠질 수 있는지를 보여주는 좋은 예이다. 수익률 제고 전략의 예는 핌코(PIMCO) 등 거대 자산운용사들이 80년대에 도입한 '포터블알파(portable alpha)' 전략을 들 수 있다. 캐쉬 등 현금성 자산은 최대한 고수익상품에 투자하고 동시에 선물이나 스왑처럼 조달비용이 낮은 파생상품을 이용하여 시장인덱스를 따라가기만(패시브 투자) 하면 주어진 예산 제약하에서 항상 시장인덱스 이상의 알파(초과수익)를 확보할 수 있다는 전략이다[4].

사모펀드와 헤지펀드는 사실상 경계가 불분명하다. 다양한 전략을 이용하여 절대수익 극대화를 추구한다는 투자 목표나 기관 투자자나 상위소득 개인으로부터 자금을 조달하여 다양한 상품에 투자한다는 운용방식이 모두 유사하다. 굳이 구분하자면 헤지펀드는 단기차익목적의 전문적 투자활동에 중점을 두는 반면 사모펀드는 아직 공개되지 않은 소규모 기업에 투자하거나 경영에 참여하여 기업가치를 극대화한 후 매각하여 차익을 취하는 장기적 투자활동 위주라는 점이 다르다. 자산구성도 헤지펀드는 단기자산이 많지만, 사모펀드는 장기자산

---

4 이 부분에 대해서는 뒤 '기관 투자자는 파생금융상품을 어떻게 활용할까?'에서 더 다루기로 한다.

의 비중이 높다. 헤지펀드는 수익이 악화될 경우 고객의 자금인출이 자유롭지만, 사모펀드는 비교적 긴 시계로 투자하기 위해 일정 기간 자금이 묶이도록(lock up) 계약하는 경우가 많다는 점도 다르다.

규제 측면에서도 경영권 참여 등 민감한 이슈 때문에 사모펀드에 대한 규제가 더 강한[5] 편이다. 헤지펀드와 사모펀드 모두 위탁자산의 일정비율(예: 2%)과 운용성과의 일정비율을 수수료로 지급하는 형태로 계약이 이루어진다. 사모펀드의 경영참여형 사업모델은 초기 비상장회사에 투자하여 성장 후 매각하는 벤처 캐피탈, 매수할 기업의 자산을 담보로 차입하여 기업을 인수하는 레버리지 바이아웃(leverage buyout) 등이 있다. 헤지펀드와 사모펀드는 각각 규모가 엇비슷하게 빠른 성장을 보이는 것으로 추정된다. 칼라일 그룹(Carlyle Group), 블랙스톤 그룹(Blackstone Group) 등이 대표적 사모펀드들이다.

---

5   우리나라의 경우 2014년 일반사모(주식형사모펀드)와 헤지펀드를 '전문투자형 사모펀드'로, 사모투자펀드(PEF)와 재무안정 PEF를 '경영참여형 사모펀드'로 통합하여 사모펀드에 대한 규제를 헤지펀드 수준으로 완화하는 조치를 취한 바 있다.

- 2 -
마코위츠는 아직 살아 있나?

결론부터 말하자면 현대 포트폴리오 이론의 창시자 해리 마코위츠 (Harry Markowitz, 1927~)는 아직 살아 있다. 투자에 있어 수익과 위험의 개념을 처음으로 정립하고 분산투자의 합리성을 증명하여 1990년 노벨 경제학상을 수상한 그의 투자론이 세상에 나온 1952년부터 그의 이론에 크게 반박하는 주장은 거의 없었다. 그런데 금융위기 이후 그의 이론이 현실에 잘 맞지 않는다는 주장이 서서히 늘어나더니 최근에는 그가 틀렸다는 주장도 심심치 않게 들린다.

가장 심하게 공격받는 이론은 그의 분산투자 옹호론이다. 분산투자가 포트폴리오의 위험 대비 수익을 올리지 않는다는 실제 투자결과를 놓고 '이거 봐라. 역시 분산투자는 틀렸어!'라고 말하는 투자자들이 많아졌고, 소위 투자의 대가라고 불리는 사람조차도 여러 종목에 분산투자하기보다 몇몇 유망 종목에 집중 투자하라고 조언한다. 하물며 관점은 조금 다르지만 위대한 투자자라 불리는 필립 피셔(1907~2004)조차도 투자종목을 너무 많이 가져가면 종목 하나하나의 펀더멘털 분석이 어려우니 투자자가 분석할 능력이 닿는 범위 내에서 많지 않은 종목에 투자하는 것이 더 유리하다고 주장한다.

필자도 분산투자가 반드시 유리하다는 질문에는 '그렇지 않다'라고 답하는 데 동의한다. 그러나 '그럼 분산투자가 틀렸는가?'라고 묻는다면 '틀리지 않았다'라고 분명히 답할 것이다. 우선 분산투자가 반드시 유리하지 않은 이유는 분산투자가 유리하다는 마코위츠 이론의 전제, 즉 종목이 많아질수록 공분산(위험)이 낮아지는 관계가 항상 성립하지는 않기 때문이다. 요즘처럼 빅테크로 기술주의 영향력이 엄청나게 커진 시대에는 인덱스 비중이 큰 종목 간 상관성이 클 수밖에 없어 마코위츠의 분산투자가 틀릴 가능성이 매우 높아졌다. 그러나 현실이 이렇다고 해서 마코위츠의 이론이 틀렸다고 하는 건 맞지 않는다. 그건 마치 현실에 완전경쟁시장이 존재하지 않으므로 미시경제학의 기본이론인 완전경쟁 하의 수요공급법칙 이론이 틀렸다고 하는 것과 같으며, 현실과 다른 모든 과학이론이 틀렸다고 하는 것과 같은 이야기다. 이론과 현실은 엄연히 구분하여야 하며, 이론은 현실을 설명하기 위한 하나의 틀(framework)이라는 사실을 기억해야 한다. 이론은 항상 현실로 나타나진 않지만 그 현실이 왜 나타나는지를 밝히는 등대와 같으므로 언제나 중요하다.

마코위츠는 1952년 3월 저널(the Journal of Finance)에 실린 그의 논문 「Portfolio Selection」을 통해 투자에 있어서의 수익률(return)과 위험(risk)의 개념과 '효율적 투자선(efficient frontier)'의 개념을 최초로 수학적으로 정리함으로써 '포트폴리오 투자'의 이론적 틀을 밝혔다. 이를 기점으로 현대 투자이론이 발전해 온 것이므로 가히 투자론의 아버지라 할 만하다. 하방위험만 생각해야지 상방, 하방 편차를 모두 포함하는 표준편차를 위험으로 보는 것이 맞느냐, 종목이 늘어날수록 공분산이 낮아지는 것이 맞느냐 등 많은 논란이 존재하지만 그래도 여전히, 그리고 앞으로도 그의 이론은 현대 투자론의 굳건한 토대를 이루리라 믿는다.

이제 마코위츠가 개념화한 수익과 위험에 대해 좀 더 구체적으로 알아보자. 먼저 수익은 보통 자산을 보유함으로써 얻게 되는 이자수입(coupon income)과 자산가치의 변동에 따른 자본이득(capital gain)을 합한 총수익률(total return)로 측정한다. 상품별로 보면, 채권은 채권이자와 채권평가손익으로, 주식은 배당금과 주식평가손익으로, 외환거래는 해당 통화의 라이보(Libor) 금리와 외환평가손익으로, 커머더티 선물(commodity futures)은 롤오버 시 선물계약 간 가격 차이에 따른 수입(roll yield)과 선물가치의 평가손익으로 나누어 볼 수 있다. 수익률은 명목수익률과 명목수익률에서 인플레이션을 차감한 실질수익률로 구분할 수 있는데, 인플레이션 위험에 상대적으로 덜 노출될 수 있다는 의미에서 실질수익률이 상대적으로 높은 커머더티, 주식, 부동산과 같은 자산을 보통 실물자산(real asset)으로 부른다.

위험(risk)에 대한 정의는 다양하지만, 전통적인 투자이론에서 정의하는 리스크는 수익률이 평균적으로 얼마만큼, 얼마나 자주 평균값으로부터 괴리될 수 있는지를 나타내는 '수익률 변동성(volatility)'을 의미한다. 하지만 변동성은 평균값으로부터 괴리의 상·하방을 모두 포함하기 때문에 손실위험을 의미하는 리스크의 개념으로는 부적합하다는 인식이 많아졌다. 따라서 최근에는 평균에 미치지 못하는 '하방 손실위험(shortfall risk)'만을 리스크로 간주해야 한다는 주장이 상당한 설득력을 얻고 있다. 일반적인 상황에서는 높은 수익을 얻기 위해 높은 위험(변동성)을 감수해야 한다는 수익률과 위험 간의 양(+)의 상관관계가 성립하지만, 자산의 성격 또는 시장 상황에 따라 수익과 위험의 관계는 언제든 달라질 수 있어 투자에 있어 늘 양자를 동시에 고려하여 판단해야 한다.

위험조정 수익률 개념으로는 샤프지수[6]와 인포메이션 레이쇼[7]가 가장 널리 쓰인다. 일반적으로 샤프지수와 인포메이션 레이쇼가 0.5를 넘으면 위험에 비해 상당히 양호한 수익을 올린 것으로 평가된다. 역사적으로 보면 채권보다 주식이, 국채보다는 회사채 등 신용채권의 위험조정수익률이 더 높은 것으로 알려져 있다. 한편, 외환(FX)포지션의 샤프지수는 보통 0에 수렴하는 것으로 나타나는데, 예를 들어 달러화를 유로화로 전환하여 유로화 3개월 정기예치로 계속 롤오버하면서 운용할 경우 USD/EUR 포지션을 장기로 가져감에 따른 수익은 거의 0에 가깝다. 이는 외환포지션의 경우 워낙 변동성이 심해 장기적으로는 (+)수익을 얻기 어려움을 의미한다. 이처럼 장기적으로 샤프지수가

---

6   Sharpe Ratio=(자산수익률-무위험수익률)/초과수익률의 표준편차
7   Information Ratio=(자산수익률-벤치마크수익률)/초과수익률의 표준편차

0이라는 사실이 자산을 분류할 때 외환포지션을 자산의 한 유형으로 잘 인식하지 않는 이유이기도 하다.

　금융위기 이후 그 의미가 많이 퇴색되긴 했지만, 전통적인 투자이론에서는 수익률의 정규분포가정을 기본으로 한다. 즉, 평균치를 기준으로 수익률 분포가 좌우대칭을 이루며, 관측치의 68%가 평균으로부터 ±1표준편차 범위 내에, 95%가 ±2표준편차 범위 내에, 99%가 ±3표준편차 범위 내에 있는 것으로 가정한다. 예를 들어 미국채 투자 수익률이 정규분포를 따르고 평균적으로 7.1%의 수익률과 5.6% 표준편차를 보인다면, 3년 중 2년은 수익률이 최저 1.5%에서 최고 12.7%의 범위에서, 100일 중 95일은 최저 -4.1%에서 최고 18.3%의 범위에서 움직인다는 의미이다. 이 같은 정규분포가정은 투자대상의 종목 수가 많거나 종류가 다양할 때 더욱 잘 나타나는데, 같은 자산이라도 종목 수가 많은 인덱스에 투자하거나, 성격이 다른 여러 자산을 묶어 투자 다변화하는 경우 설명력이 높은 가정이라 할 수 있다. 그러나 금융위기를 통해 확인되었듯이 위기 상황에서는 수익률 분포가 정규분포를 따르지 않고 극단적인 변동성을 보일 가능성, 즉 수익률 분포의 꼬리 쪽이 두터워질 가능성(fat tail risk)이 갑자기 커지기 때문에 스트레스 테스트 등을 이용하여 평소에도 극단적 위험을 관리할 필요성이 크다. 다시 말해 전통적 투자론에서 말하는 수익률 분포의 정규분포가정은 정상적인 상황에서만 통하는 가정이므로 투자에 있어 이 점을 특히 기억할 필요가 있다.

일반적으로 어떤 상품에 투자하였을 경우의 수익률은 공통적인 무위험수익률과 해당 상품에 투자함에 따른 리스크에 대한 보상, 즉 리스크 프리미엄(risk premium)의 합이라 볼 수 있다. 무위험수익률은 보통 미단기국채 할인율을 이용한다. 명목 무위험수익률에서 인플레이션율을 차감한 실질 무위험수익률은 실물투자의 기회비용으로서의 의미가 있어 보통 성장률과 (+)상관관계를 가진다. 리스크 프리미엄은 해당 상품의 만기, 유동성, 조세부담, 디폴트 리스크, 옵션 포함 여부 등에 따라 그 수준이 달라지는데, 대체로 국채 〈 회사채 〈 주식 〈 신흥국 채권 등의 순으로 커진다. 여기서 '주식 리스크 프리미엄(equity risk premium)'은 주식수익률에서 채권수익률을 뺀 리스크 프리미엄을 의미한다.

마코위츠가 이야기하는 수익률과 위험의 (+)상관관계는 여러 가지 요인에 의해서 달라지는데, 그중 가장 대표적인 것이 경기변동에 따른 영향이다. 즉, 경기침체기에는 중앙은행이 경기부양을 위해 정책금리를 인하하므로 무위험수익률이 하락하는 반면 시장에서는 디폴트리스크가 상승하여 투자자들이 요구하는 투자위험에 대한 보상, 즉 리스크 프리미엄이 높아진다. 따라서 수익과 위험간의 관계를 나타내는 자본시장선(Capital Market Line)[8]은 더욱 가팔라진다. 반대로 경기 호황기에는 정책금리 인상과 리스크 프리미엄 축소가 동시에 이루어지면서 자본시장선은 더욱 평평해진다.

8　'시장은 가장 효율적이라 말할 수 있나?'에서 더 다루기로 한다.

한편 수익률과 위험 간 관계는 구조적 요인에 의해서도 영향받는다. 예를 들어 1980년대부터 2007년 금융위기 전까지 계속된 미국의 대호황기(Great Moderation)처럼 인플레이션이 안정적일 경우에는 저금리와 거시경제 안정성을 통해 리스크 프리미엄이 낮게 유지됨으로써 시장변동성이 낮아지고 자본시장선도 매우 평평해진다. 또한 지정학적 리스크 등 예기치 못한 이벤트가 발생할 경우에도 수익률과 위험의 관계는 변화하는데, 위기일수록 위험에 대한 보상 요구가 높아지면서 리스크 프리미엄이 상승하고 자본시장선은 가팔라지게 된다.

무위험수익률과 리스크 프리미엄의 구분은 기대수익률을 산출하는데 있어서도 아주 유용하다. 어떤 자산의 기대수익률을 과거의 수익률을 이용하여 추정한다는 것은 과거의 수익률 분포가 미래에도 계속될 것이라는 전제가 있어야만 가능하다. 하지만 수익률 분포가 정규분포와 평균회귀(mean reverting) 특성을 가진다는 가정이 틀릴 가능성은 언제나 존재하므로 과거 수익률 분포를 통한 기대수익률 추정 역시 잘못될 가능성이 크다. 따라서 이런 방법 대신 기대수익률을 무위험수익률과 리스크 프리미엄으로 구분하고, 리스크 프리미엄을 다시 기간 프리미엄(term premium), 유동성 및 신용 리스크, 자산 고유의 프리미엄 등으로 분해하여 각 팩터의 미래값을 추정한 후 합하여 산출하는 방식이 더 정확할 수 있다. 예를 들어 [10년물 미 회사채의 기대수익률 = 무위험자산(3개월 T-Bill)의 실질수익률 + 기대 인플레이션 + 미국채 10년물 기간 프리미엄 + 10년물 미 스왑스프레드 + A급 회사채의 스왑대비 스프레드]로 각 팩터의 미래값을 각각 추정하여 합산하는 방법으로도 구할 수 있다.

- 3 -
투자대상은 다양할수록 유리할까?

마코위츠 투자론의 핵심 이론은 한마디로 분산투자가 위험 대비 수익 측면에서 효과적이라는 것이다. 이는 수익·위험 특성이 각기 다른 다양한 상품에 분산하여 투자할 경우 하나의 상품에 집중적으로 투자하는 경우에 비해 전체 포트폴리오 위험이 줄어든다는 주장으로 보통 '다변화 효과(diversification effect)'라 한다. 이를 살펴보기 위해 채권과 주식으로만 구성된 2자산 포트폴리오를 가정해보자. 수익·위험 특성이 각기 다른 자산으로 포트폴리오를 구성하게 되면 포트폴리오 전체의 수익·위험 특성은 각 개별자산의 수익·위험을 단순히 합산한 경우와 같지 않다. 이는 두 자산 간 상관관계에 따라 위험이 줄어들기도, 커지기도 하기 때문이다. 대체로 성격이 다른 두 자산 간 상관관계는 (−)인 경우가 많아 전체 위험이 각각의 위험을 합친 것보다 작아지게 되는데, 이를 다변화 효과라 하며, 포트폴리오 구성을 다양하게 가져가는 이유도 이 때문이다.

$$\sigma_{stocks,\,bonds} = cov\,(R_{stocks},\, R_{bonds}) = E[(R_{stocks} - \mu_{stocks}) \times (R_{bonds} - \mu_{bonds})]$$

앞의 식에서 보이는 것처럼 포트폴리오 내 주식과 채권 간 상관관계를 나타내는 공분산(covariance)은 각 자산의 실제수익률이 분포상 평균치로부터 괴리된 정도를 곱한 값이 평균적으로 어느 정도나 되는지를 나타내는 값이다. (+)는 두 자산이 동시에 평균값 이상이거나 또는 이하거나 같은 방향으로 움직이는 것을, (−)는 한 자산이 평균값 이상일 때 다른 자산은 평균값 이하로 서로 다른 방향으로 움직이는 것을 의미한다. 아래 예에서 포트폴리오 내 채권:주식비중이 40:60이라면, 포트폴리오의 평균수익률은 4.3%×0.4+5.5%×0.6=5%이며, 채권과 주식 간 공분산은 −0.0073으로 (−)상관관계에 있음을 알 수 있다.

2자산 포트폴리오의 수익·위험 구조

경기주기	채권수익률		주식수익률		평균으로부터 괴리
	R_bonds	(R_bonds −μ_bonds)	R_stocks	(R_stocks −μ_stocks)	(R_bonds−μ_bonds) x(R_stocks−μ_stocks)
불황	10.0%	5.8%	−10.0%	−15.5%	−0.009
침체	7.0%	2.8%	−5.0%	−10.5%	−0.003
회복	5.0%	0.7%	12.0%	6.5%	0.000
호황	−5.0%	−9.3%	25.0%	19.5%	−0.018
	4.3%		5.5%		Cov = −0.0073

자료: JP Morgan

포트폴리오 내 자산 간 공분산은 개별자산별로 평균과의 괴리가 어느 정도이며 상관관계의 방향이 어떤지를 보여주는 지표이지만, 표준화되어 있지 않아 상관성의 수준을 객관적으로 비교 평가하기 어렵다. 따라서 상관성을 표준화한 지표가 상관계수(ρ)인데, 이는 아래 식처럼 공분산을 개별자산 분산의 곱으로 나누어준 수치로서 $-1\langle\rho\langle+1$의 값을 가진다.

$$\rho_{bonds, stocks} = Cov(R_{bonds}, R_{stocks}) \;/\; (\sigma_{bonds} \times \sigma_{stocks})$$

위의 예에서 상관계수 $\rho=-0.94$로서 주식과 채권 간에는 상당히 높은 수준의 (−)상관관계가 있음을 알 수 있다. 이는 주식(채권) 수익률이 평균값을 넘으면 거의 대부분의 경우에 채권(주식) 수익률이 평균치를 밑돈다는 의미이다.

그렇다면 실제 자산 간 상관관계는 어떨까? 케이스별로 다르긴 하나 자산 간 상관관계는 대체로 (+)값, 즉 같은 방향으로 움직이는 경향이 있고 불안정한 관계를 나타낸다. (+) 상관성은 성격이 다른 자산일지라도 공통되는 팩터, 즉 무위험수익률이나 리스크 프리미엄을 포함하고 있기 때문이며, 불안정하게 움직이는 것은 그 밖에 지역 간 경기변동의 차이나 섹터 간 구조적 차이 등이 존재하기 때문이다. 예를 들어, 주식과 채권 간 상관관계는 인플레이션의 영향을 많이 받는데, 70년대, 80년대처럼 오일쇼크로 성장이 약화되고, 인플레이션이 심한 경우에는 주식약세(성장약화)와 채권약세(인플레이션)가 동시에 일어나 양자 간 (+)상관관계가 높아진다. 1990년대나 주요국 중앙은행이 공격적 양적완화를 지속한 2015년~2021년처럼 인플레이션이 낮은 상황에서도 주식강세(성장강화)와 채권강세(낮은 인플레이션)가 동시에 일어나 양자 간 (+)상관관계가 높아진다. 반면 1990년대 말~2014년처럼 경기가 둔화되고 인플레이션 우려가 거의 없는 상황에서는 주식약세(성장약화)와 채권강세(낮은 인플레이션)로 양자 간 (−)상관관계가 높아짐을 알 수 있다.

한편 다른 자산과의 상관관계가 가장 낮은 자산으로는 원자재, 금과 같은 커머더티, 부동산, 인프라 등 실물자산이 해당된다. 이들 자산의 경우 경기, 통화정책 등 공통된 팩터보다 공급제한 등 고유의 팩터에 의해 가격이 주로 결정되기 때문이다. 같은 자산 내에서도 상관관계의 정도는 달라질 수 있는데, 예를 들어 채권 가운데서도 무위험수익률이나 국가리스크 프리미엄 같은 공통 팩터의 영향을 가장 많이 받는 국채가 상관관계가 높은 편이다.

투자 다변화효과는 자산 간 상관관계가 (−1)일 때 극대화된다. 포트폴리오의 분산은 포트폴리오 내 개별 상품의 분산뿐 아니라 상품 간 상관관계를 반영한 공분산에 의해 결정되기 때문에 자산 간 상관관계가 (−1)일 때 가장 작은 값, 즉 다변화효과가 가장 큰 값을 나타낸다[9]. 상관관계가 (+1)일 때는 전체 포트폴리오의 분산이 개별자산의 가중평

---

9   상관관계가 −1이고 두 자산 간 가중치를 적절히 구성할 경우 변동성을 제거할 수도 있는데, 이론적으로는 $w_{bond} = \sigma_{stock} / (\sigma_{bond} + \sigma_{stock})$로 구성할 경우 포트폴리오 분산을 0으로 만들 수 있다.

균분산과 정확히 일치하게 되어 분산효과는 0가 된다. 상관관계가 〈1 일 때 포트폴리오의 분산이 개별자산의 가중평균분산보다 작게 되어 다변화효과가 나타난다.

$$\sigma_p{}^2 = w_1{}^2\,\sigma_1{}^2 + w_2{}^2\,\sigma_2{}^2 + 2w_1\,w_2\,\sigma_{1,2} \ , \ \ \sigma_{1,2} = Cov(R_1, R_2) = \rho_{1,2}\,\sigma_1\,\sigma_2$$

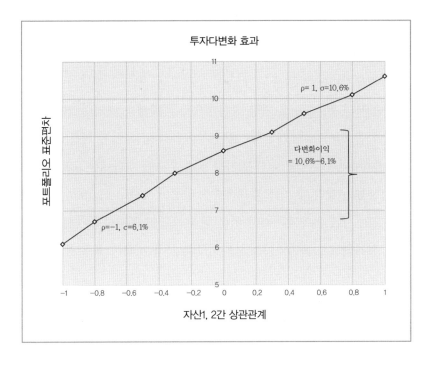

투자다변화 효과

포트폴리오 표준편차

ρ= 1, σ=10.6%

다변화이익
= 10.6%−6.1%

ρ=−1, c=6.1%

자산1, 2간 상관관계

- 4 -
내가 지금 최적투자를 하고 있는지
확인할 수 있는 방법은?

　현대 투자이론 가운데 가장 많이 등장하는 개념 중 하나가 '효율적 투자선'이다. 말 그대로 가장 효율적으로 투자했을 때의 수익과 위험의 조합을 의미한다. 개념적으로는 주어진 위험 하에서 가장 높은 수익률을, 주어진 수익률 하에서 가장 낮은 위험을 나타내는 포트폴리오로 자산을 구성할 때 이를 효율적 투자선상의 자산구성이라고 부른다. 그렇다면 지금 내가 투자하고 있는 상품 조합이 효율적 투자선상의 어디쯤 위치하고 있을까? 이를 파악하고 투자하는 것이 매우 중요할 것이다.

　그림으로 설명해보자. 그림에는 100% 주식으로만 구성된 포트폴리오A와 100% 채권으로만 구성된 포트폴리오B, 그리고 60%의 주식과 40%의 채권으로 구성된 포트폴리오C가 있다. 앞에서 예시한 2자산구성(주식:채권 6:4) 포트폴리오는 5% 수익률, 6.3% 표준편차를 보이는 포트폴리오C에 해당한다. 그림에서 포트폴리오A와 포트폴리오B를 연결하는 직선 AB는 주식과 채권 간 상관관계가 1인 경우의 가중평균

자산구성이 된다. 따라서 두 자산 간 상관관계가 1보다 작다면 다변화 효과에 의해 같은 위험 또는 같은 수익률 하에서 보다 높은 수익률 또는 낮은 위험을 나타내는 자산구성을 선택할 수 있어 효율적 투자선은 직선AB의 좌상방으로 휘어지는 곡선ACB의 형태를 취하게 된다.

이처럼 좌상방으로 휘어지는 효율적 투자선 ACB의 곡률(curvature)은 두 자산간 상관관계의 크기에 따라 달라지는데, 상관관계가 완벽한 양의 상관관계(ρ=+1)일 경우 100% 주식(A)과 100%채권(B)을 잇는 우상향하는 직선의 형태(기울기=A, B 간 표준편차 비율)가 된다. 상관관계의 (−)의 크기가 클수록, 즉 다변화효과가 클수록 좌상방으로의 곡률은 더욱 커져 직선 AB로부터 좌상방으로 더 멀어지게 된다.

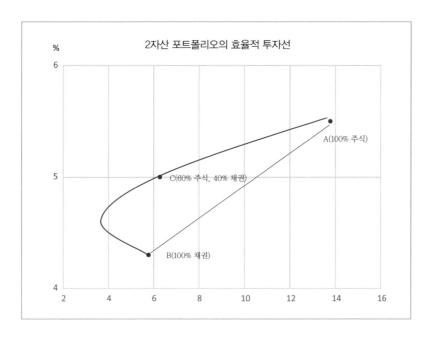

Part 1. 투자의 기본개념들 · 37

이제 자산의 범위를 채권, 주식뿐 아니라 다양한 자산으로 구성된 복수자산 포트폴리오(multi-asset portfolio)로 넓혀 보자. 이렇게 되면 다양한 자산들을 서로 다른 비중으로 구성하는 다양한 효율적 투자선을 모두 감싸는 보다 완곡한 형태의 큰 효율적 투자선을 도출할 수 있다. 효율적 투자선의 양극단을 제외하고는 모든 점이 복수자산으로 이루어져 있는 것을 알 수 있는데, 이는 자산 간 수익률 움직임이 항상 같을 수 없어(ρ〈1) 앞서 살펴본 다변화 효익이 존재하기 때문이다. 효율적 투자선상에서 투자자가 어떤 자산구성을 선택할지는 투자자의 수익·위험 선호에 따라 달라진다. 그림에서 Ua는 위험회피형 투자자의 수익·위험 간 무차별곡선을, Us는 위험선호형 투자자의 수익·위험 간 무차별곡선을 나타내는데, 결국 최적 자산구성은 Ua와 Us가 각각 효율적 투자선과 접하는 점(포트a, 포트b)에서 이루어지게 된다.

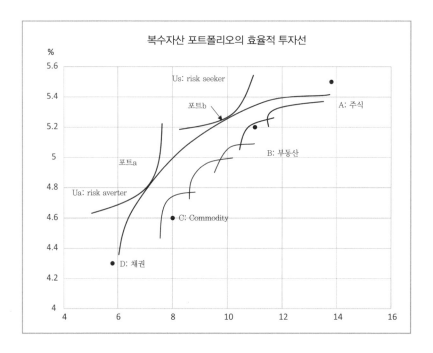

- 5 -
시장은 가장 효율적이라 말할 수 있나?

지금까지는 개별 투자자의 최적자산배분에 대해 알아보았다. 그렇다면 같은 개념을 시장 전체 투자자로 확대하면 어떻게 될까? 그러면 이제 시장 포트폴리오(market portfolio) 개념을 이해할 수 있다. 앞서 살펴본 효율적 투자선에 무위험자산(현금 또는 T-Bill)을 투자대상으로 추가하면 무위험자산과 위험자산으로 이루어진 포트폴리오에 투자하는 새로운 효율적 투자선, 즉 Y축의 무위험자산수익률(RFR)로부터 시작하여 무위험자산이 없을 경우의 효율적 투자선에 연결되는 직선을 얻을 수 있다. 효율적투자영역은 RFR로부터 시작하여 효율적 투자선에 접하는 포인트(M)에서 극대화되는데, 포인트 M은 위험자산만으로 구성할 수 있는 포트폴리오 중 가장 효율적인 조합인 시장 포트폴리오, 즉 우리가 흔히 말하는 시장인덱스를 나타낸다. 여기서 RFR로부터 시장 포트폴리오 M을 연결하는 직선을 자본시장선(Capital Market Line)이라 한다. 이때 포트폴리오의 수익률은 무위험자산과 위험자산 수익률 간 가중평균수익률, 위험은 무위험자산과 위험자산 간 가중평균위험(무위험자산의 위험=0)이 되기 때문에 효율적 투자점은 직선상에 위치하게 된다. 결과적으로 효율적 투자영역이 무위험자산을 추가하기 전보다 훨씬 더 확대됨을 알 수 있다.

자본시장선상에서는 모든 투자자가 무위험자산(RFR)과 시장 포트폴리오(M)의 조합으로 포트를 구성하는데, 위험회피투자자의 경우 위험자산(M)을 일부 보유하고 나머지를 무위험자산으로 보유하여 대출 등에 활용하는(RFR-M 사이에 위치) 반면, 위험선호투자자는 레버리지 차입을 통해 위험자산(M)에 더 투자하는(M 오른쪽에 위치) 행태를 보이게 된다. 위험선호의 차이에 상관없이 자본시장선에서 모든 투자자는 시장 포트폴리오 M에 투자하며 시장 포트폴리오에서 개별자산의 비중은 모든 투자자들에게 동일하다. 따라서 모든 투자자가 자산별 투자금액을 합칠 경우 시장 포트폴리오 M은 시가가중(market cap weighted) 포트폴리오, 즉 시장인덱스 포트폴리오가 된다.

시장 포트폴리오 M에서 개별자산의 비중이 모든 투자자들에게 동일하다는 의미는 우리가 시장인덱스에 투자할 때 인덱스 내의 개별자산비중이 모든 투자자들에게 동일하다는 것과 같은 의미이다. 즉 모든 투자자가 개별 상품의 비중이 이미 정해져 있는 시장 인덱스에 투자한다는 의미이므로 어떻게 보면 당연한 이야기다. 다시 말해 시장인덱스에 투자한다는 것은 지금 내가 효율적 투자를 하고 있다는 말이며, 다만 개인의 위험 선호에 따라 그 비중을 적거나 많이 가져가는 것이 다를 뿐이다. 따라서 자본시장선 개념은 시장인덱스를 따라 투자하는 대부분의 패시브 투자의 이론적 근거를 설명한다고 볼 수 있다.

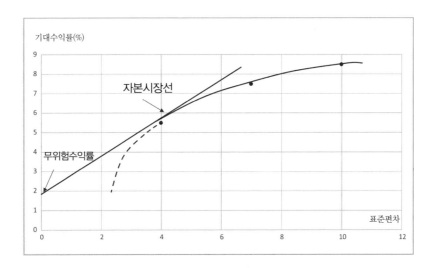

- 6 -
시장과 반대로 가야 할까?
따라가야 할까?

　개인적으로 대규모 채권 운용을 해본 경험으로는 내 나름대로 전망과 믿음을 가지고 시장에 맞서기보다는 시장에서 확인된 팩트와 컨센서스에 기초하여 흐름을 읽고 따라가는 편이 좀 더 성과에 유리했다. 모든 금융자산의 투자성과가 경기나 정책과 같은 매크로 변수의 영향을 크게 받지만, 특히나 '금리'라는 대표적 거시변수에 의해 가격이 결정되는 채권은 시장과 다른 개인적 판단과 소신이 파고들 틈이 매우 좁다. 물론, 방향성은 시장을 따라가더라도 매매의 타이밍을 시장의 흐름과 달리함으로써 이익을 얻을 가능성은 충분히 있다. 즉 시장의 일반적 포지션과 반대 포지션을 취하는 '맞선다'까지는 아니더라도 시장이 채 변화하기 전에 재빨리 다른 포지션으로 갈아탐으로써 시장을 '파고든다'라는 전략을 취하는 건 효과가 있다. 다만 '파고든다'는 전략이 성공하기 위해선 끊임없이 시장정보를 모으고 확인하고 판단하는 치밀함이 있어야 한다. 그렇지 않으면 항상 뒤따라가거나 헛발질할 확률이 아주 높다.

상품별로 보면 시장을 따라갈 때 주식은 시장 대비 초과수익을 얻을 가능성이 낮은 데 반해, 채권은 어느 정도 안정적인 이익을 취할 수 있는데, 그건 채권이 투자자에게 제공하는 캐리, 즉 이자수익이 기본적으로 보장[10]되기 때문이다("Carry is the King!!").

실제로 주식은 개별기업이 지닌 내재가치와 시장에서 평가하는 시장가치 간 갭 등을 분석하여 저평가된 기업(가치주)에 투자하거나, 미래의 성장성을 전망하여 성장성이 높은 기업(성장주)에 투자하거나, 안정적인 배당수익이 가능한 기업에 투자(배당주)하는 등 개별주식 종목을 어떻게 구성하느냐 하는 '종목선택'이 투자수익의 큰 몫을 차지한다. 그러나 보통의 경우 채권은 주식에 비해 개별채권 간 속성에 차이가 크지 않아 종목 선택보다는 채권유형 간 또는 만기 간 '자산배분'을 얼마나 잘하느냐가 투자수익의 키가 된다. 물론 채권도 주식처럼 발행기관의 특성을 반영하는 회사채, 특히 신용도가 낮은 회사채(high yield bond)의 경우 개별 회사채 간 특성이 크게 다르고 종목 선택의 영향이 클 수 있다. 금융공학의 발전으로 주식보다 위험이 더 클 수 있는 복합적인 구조의 채권(신용파생결합증권 등)이 많아진 점도 채권투자에 있어 종목 선택의 중요성을 더하게 하는 요인이 되고 있다.

주식의 경우 증권회사 애널리스트의 개별기업 분석 정도면 어느 정

10　물론 주식도 배당이익이 있지만 대체로 채권 이자수익이 주식 배당수익보다 총수익 중 차지하는 비중이 크다.

도 투자 판단을 할 수 있다. 그러나 채권은 개별종목 투자정보에 더해 상품의 복잡성이나 투자 리스크 분석 등의 측면에서 주식보다 더 복잡하고 어렵다. 이는 채권의 경우 '금리'라는 거시변수에 의해 가격이 결정되므로 글로벌 매크로분석이 필수적이고, 투자를 실행한 후에도 잔존만기가 짧아짐에 따른 주기적인 리밸런싱이나 쿠폰수익의 재투자 같은 투자 후 의사결정사항이 많은 데다 기본적으로 장외거래이기 때문에 나중에 매도할 경우를 대비해 거래비용과 같은 유동성 리스크에도 상당한 주의를 기울여야 하기 때문이다.

채권이든 주식이든 가장 단순하고 손쉽게 수익을 올리는 방법은 미래의 방향성을 예측하고 그에 적합한 포지션을 구축하여 수익을 올리는 방향성 투자(directional trade)이다. 그러나 개인이든 기관이든 방향성 투자로 지속적인 이득을 얻기는 거의 불가능하다. 방향성 전망에 기초한 매크로 전략을 구사하는 헤지펀드들도 투자시계를 짧게 운용하는 경우가 대부분이고 방향성 투자의 역사적인 평균수익률도 (−)인 경우가 많다. 다시 말해 어떤 투자자든 방향성 투자만으로 몇 번은 수익을 올릴 수 있으나 평균적으로는 손해를 볼 가능성이 더 크다는 의미인데, 금융위기 등 몇 번의 위기를 거치며 몇 차례 이익과는 비교할 수 없을 정도의 엄청난 손실이 언제든 발생할 수 있음을 우리는 이미 확인한 바 있다.

그렇다고 투자의 기본적인 팩터인 방향성 투자를 포기할 수는 없다. 어떤 투자이든지 경제지표, 금리 등 매크로 변수와 연계된 방향성은 기본적으로 고려해야 하는 투자의 기본 중 기본이다. 다만, 언급한 대로 방향성 투자의 손실위험이 워낙 크기 때문에 듀레이션 베팅 같은 순수한 방향성 전략보다는 다른 전략과 혼합된 형태로 간접적으로 수익을 추구하여야 한다. 예를 들어, 금리하락 전망 시 과감한 듀레이션 확대 전략 대신 금리가 하락하면 어느 만기가 더 가격상승 폭이 클 것인지를 전망하여 해당 섹터의 비중을 더 늘리는 전략[예: 더 큰 장기물 하락 전망 시 '단기물매각/장기물매입' 커브전략(curve flattening)]을 취한다든지, 금리하락 시에는 보통 안전자산이 선호되는 점을 이용하여 위험자산 비중을 줄이는 '스프레드물 비중 축소 전략'을 취한다든지 하는 것들이 그 좋은 예이다.

- 7 -
적극적 투자, 소극적 투자
어느 편이 더 유리할까?

위에서 설명한 시장 포트폴리오가 주는 함의 중 가장 중요한 것은 무엇보다 시장 포트폴리오는 효율적인 자산구성의 합이므로 이와 다르게 포트폴리오를 구성하여 이익을 추구하는 액티브 투자(active investing)는 별로 효과가 없다는 추론이다. 이 말은 효율적 투자선상에서는 포트폴리오 내 모든 자산에 공통으로 적용되는 시장 리스크에 대한 보상으로서 프리미엄만이 존재하므로, 시장 리스크 이외의 리스크(개별자산의 고유리스크)에 대해서는 보상이 이루어지지 않는다는 의미이다. 따라서 개별자산의 고유리스크에 베팅하는 적극적 투자는 효과가 없다는 것이다. 결국 시장인덱스에 투자하는 패시브 투자방식만이 바람직하다는 논리이다.

그러나 현실적으로 시장은 효율적이지 않다. 경제주체 간 정보의 비대칭성, 거래비용, 장외거래시장의 거래제약 등으로 늘 비효율적인 영역이 존재한다. 따라서 이 같은 비효율적 영역을 공격하여 이익을 취득하는 액티브 투자의 영역은 늘 존재할 수밖에 없다. 그런데 금융위기 이후 시장은 점차 액티브 투자보다는 패시브 투자의 손을 들어주어 왔고, 지금은 패시브 투자의 완승이라 할 만큼 액티브 투자가 맥을 못 추고 있다. 그 이유는 무엇일까? 그 이유를 찾아보기 전에 우선 패시브보다 액티브 투자가 더 유리할 수 있다는 논리를 살펴보자. 액티브 투자를 옹호하는 주요 근거는 다음과 같다.

첫째, 시장분할(market segmentation)이다. 실제 시장은 투자자의 성격, 계약조건, 규제 여건 등에 따라 시장 간 이동이 자유롭지 않을 수 있고, 따라서 우리가 생각하는 것처럼 효율적이지 않다. 둘째, 투자자들의 투자목적이나 부채구조 등이 각기 달라 자연스럽게 개별자산별로 시장이 구분된다. 설령 같은 자산이라 하더라도 투자자의 통화, 투자시계, 부채 수준 등에 따라 선호도가 달라질 수 있다. 예를 들어 미 단기국채의 경우 보통 무위험자산으로 인식되지만, 장기부채를 수반하는 장기연금에는 부채지급률에 한참 못 미치는 위험한 투자자산이 될 수도 있다. 셋째, 같은 자산이라 하더라도 호황기에는 리스크에 대한 보상(리스크 프리미엄)이 낮아지고, 불황기에는 보상이 높아지는 '시변 리스크 프리미엄'(time-varying risk premium)이 존재한다. 또한 투자자들의 보수적 투자성향 등 행태변화에 따라서도 비효율성이 발생할 수 있어 전체적인 시장 포트폴리오의 효율성이 보장되지 않는다.

이 같은 액티브 투자의 배경 논리는 모두 맞는 말이다. 그런데도 금융위기 이후 패시브 투자가 투자자들에게 더 안정적이고 높은 수익률을 가져다준 건 왜일까?

첫째, 금융위기 이후 높아진 시장의 변동성, 그중에서도 극단적 위험이 발생할 확률이 높아진 점을 우선 들 수 있다. 시장변동성이 클수록 고위험자산이 손실을 볼 가능성은 커진다. 따라서 시장인덱스 이상의 수익을 올리려는 액티브 투자가 입을 수 있는 손실도 커질 확률이 높다. 둘째, 패시브 투자상품의 경쟁적 출시로 패시브 투자의 수수료는 거의 0에 수렴하는 반면 액티브 투자는 여전히 높은 수수료로 인해 투자매력을 반감시킨다. 셋째, 금융위기 이후 중앙은행의 유동성 공급이 확대되면서 위기가 있을 때마다 중앙은행이나 정부가 나서서 이를 진화('연준 풋')할 것이라는 시장의 믿음이 강해졌고, 이에 따라 시장의 복원력 또한 강해졌다. 따라서 시장을 따라가는 패시브 투자는 손실회복력이 강해진 반면 액티브 투자는 그렇지 못한 경우가 여전히 많다.

한편, 액티브 투자 중에서도 여전히 투자자들의 높은 관심을 받는 투자방식으로 모멘텀투자가 있다. 이는 투자자들의 행태에 따라 알파 수익의 기회가 발생하는 대표적인 예라고 할 수 있는데, 투자자들이 대체로 경제상황 변화에 점진적으로 대응하기 때문에 발생하는 투자기회이다. 역사적으로 t기에 경제지표의 전망치가 수정될 경우 60% 이상은 다음 t+1기에도 같은 방향으로 수정되는 비교적 강한 자기상관관계(autocorrelation)를 가지는 것으로 알려져 있다.[11] 따라서 시장참

---

11 JP Morgan, 'Introduction to Portfolio Management'

가자들은 t기의 시장변화에 대응하여 자신들의 포지션 모두를 즉각 다 반응하기보다는 전망치 수정에 대한 확신이 들기까지 점진적으로 대응하는 경향이 강하다. 이를 이용한 투자방식이 모멘텀 투자이다.

- 8 -
벤치마크가 없는 것보다
있는 게 더 유리할까?

　무언가 따라가고 싶은 이상적인 목표. 벤치마크라는 개념이 일상생활 속에 통용어로 많이 쓰이고 있으나 사실 벤치마크가 중요한 개념으로 가장 활발히 이용되고 있는 분야가 바로 '투자'이다. 투자에 있어 벤치마크가 중요한 이유는 투자의 가장 중요한 두 가지 개념, '목표수익률'과 '위험'을 정해주는 일종의 키잡이가 되기 때문이다. 다시 말해 벤치마크는 투자의 '목표'를 설정해준다. 벤치마크가 중요한 또 한 가지 이유는 투자성과를 측정할 때 잘했는지 못했는지 판단하는 기준 역할을 하기 때문이다. (+)수익률이 아무리 커도 남들 모두 그 이상의 (+)수익을 거두었다면 투자를 잘했다고 하기 어려우며, (−)수익률이 아무리 커도 남들 모두 그 이하의 (−)수익을 거두었다면 투자를 잘했다고 말해야 한다. 또한 벤치마크는 포트폴리오를 운용하는 매니저의 역량을 비교, 판단하는 잣대로도 기능한다. 벤치마크가 있음으로써 상대수익률(실제수익률−벤치마크수익률)을 구할 수 있고, 매니저별 상대수익률 크기를 비교함으로써 누가 얼마나 잘했는지를 비교 평가할 수 있다.

그러나 벤치마크를 설정함으로써 피할 수 없는 단점 또한 존재한다. 벤치마크 투자에 있어 가장 중요한 것은 어떤 벤치마크를 채택하느냐 하는 문제이다. 만약 잘못된 벤치마크를 설정하였다면 그 순간부터 이미 그 투자는 실패한 투자가 된다. 예를 들어, 중국 IT산업의 성장성만을 보고 중국 IT주만으로 구성된 '뉴욕상장 중국기술주 인덱스'를 벤치마크로 설정하였다고 하자. 갑자기 시진핑 주석의 공동부유(共同富裕) 정책으로 IT기업 규제가 강화되면서 중국기술주가 급락하고, 심지어 뉴욕상장 중국기술주 일부가 상장폐지라도 당한다면 이 전략은 벤치마크를 잘못 정했다는 이유 하나만으로 엄청난 손실을 볼 수 있다. 또 다른 벤치마크 투자의 약점은 아무래도 '벤치마크 대비 상대수익 극대화'를 운용 목표로 하다 보니 '절대수익 극대화'의 기회를 놓치기 쉽다는 점이다. 투자의 궁극적 목표는 말 그대로 '총수익'을 극대화하자는 것이지 '벤치마크 대비 초과수익'을 극대화하자는 것은 아니다. 따라서 벤치마크 투자는 태생적으로 소극적 투자로 흐르기 쉽다. 절대수익 극대화를 추구하는 헤지펀드들이 대부분 벤치마크를 설정하지 않는 이유도 바로 이런 이유 때문이다.

지금까지 설명한 것처럼 벤치마크를 정할지는 각각의 장단점이 있으므로 일률적으로 어느 쪽이 유리하다고 단정하기 어렵다. 다만 포트폴리오의 성격에 따라 공적 기관, 대규모 또는 보수적 개인투자자일 때 벤치마크 투자가, 민간기관, 소규모 또는 공격적 개인 투자자일 때에는 벤치마크 없는 투자가 적합하다고는 말할 수 있다.

한편 벤치마크 있는 투자와 벤치마크 없는 투자를 동시에 실행할 수도 있다. 장기적으로 투자자의 투자 목표를 가장 잘 달성시켜줄 수 있는 포트폴리오 A는 벤치마크를 설정하여 '벤치마크 포트폴리오'로 운용하고, 중단기적으로 초과수익을 적극적으로 추구하는 포트폴리오 B는 벤치마크 없이 '절대수익 포트폴리오'로 운용하면 된다. 이때 포트폴리오 B를 '오버레이(overlay) 포트폴리오'라고 한다. 예를 들어 장기 고정부채를 안고 있는 장기 연금펀드의 경우 장기적으로 펀드가입 고객에게 현금을 지급하여야 하므로 보통 장기국채로 구성된 포트폴리오를 벤치마크로 하여 자금을 운용한다. 그러나 한편으로는 단기적 성과를 얻기 위해 상황에 따라 장기국채의 일부를 중단기국채 또는 회사채 등으로 교체매매하여 벤치마크와는 구성이 다른 오버레이 포트폴리오를 운용하기도 한다. 이때 오버레이는 현물채권보다 거래비용이 절감되고 신속한 포지션 구축이 가능한 파생상품을 이용하는 경우가 많다. 위의 예에서 오버레이 포트폴리오에 회사채를 담는 대신 CDS(Credit Default Swap) 매도 포지션을 취한다면 적은 거래비용으로 유사한 수익 흐름을 가질 수 있다[12].

보통 벤치마크로 시장인덱스를 이용하는 경우가 많아 '벤치마크 투자=베타 전략'으로 혼용해서 쓰기도 한다. 아무리 능력 있는 포트폴리오 매니저라 하더라도 시장수익률 이상의 알파를 장기간 안정적으로 획득하기는 매우 어렵다. 설령 가능하다 하더라도 투입되는 자원과

---

12 '기관 투자자는 파생금융상품을 어떻게 활용할까?'에서 더 다루기로 한다.

요구되는 능력이 너무 크기 때문에 알파를 추구하는 것보다 베타(시장 수익률)만이라도 제대로 확보하자는 접근이 베타전략의 기본적인 아이디어다. 시장인덱스로 채권은 블룸버그 바클레이즈의 GABI(Global Aggregate Bond Index)와 JPMorgan의 GBI(Global Bond Index)가, 주식은 모건스탠리의 MSCI(Morgan Stanley Capital International) 지수가 널리 쓰인다. 이들 인덱스는 세부 섹터별로도 별도의 지수를 다양하게 제공하고 있어 투자자의 입맛에 맞게 인덱스를 고를 수 있는데, 예를 들면 바클레이즈 회사채, 정부채 지수, MSCI 선진국, 신흥시장국 지수 등이 이에 해당된다. 물론, 우리에게 친숙한 대표적인 시장인덱스들도 베타전략의 벤치마크로 이용될 수 있다.

하지만 최소한 시장수익률 정도만 확보하면 성공이라는 인식은 시장이 호황일 때 설득력이 있지만, 불황이나 침체일 때는 설득력을 잃는다. 성공적인 투자로 호황일 때 시장수익률 정도를 얻는 것은 용서가 되지만 불황일 때 시장수익률에 그치는 것은 잘 수용되지 않는다. 불황일 때는 시장보다 약간이라도 더 나은 성과(좀 더 적은 손실)를 거두어야 함을 암묵적으로 전제하는 기대수익률의 비대칭성이 존재한다. 더군다나, 일반적인 시장인덱스에는 치명적인 약점이 있는데, 그건 대부분 인덱스가 시가가중지수라는 점이다. 즉, 개별 주식이나 채권이 전체 인덱스에서 차지하는 비중이 각각의 시가비중에 따라 결정되므로 시가비중이 큰 기업에 대한 의존도가 높을 수밖에 없고, 따라서 이들 특정 주가의 변화에 지나치게 민감할 수밖에 없다는 점에서 취약하다. 우리나라의 코스피 지수도 삼성전자의 압도적 비중 때문에 사실 시장인덱스를 추종한다기보다 삼성전자라는 1개 기업을 추종하는 것과 별반 다르지 않다고 보는 것과 비슷한 논리다.

- 9 -
스마트 베타란 어떤 개념일까?

이 같은 시가가중 시장인덱스의 단점을 극복하기 위해 등장한 것
이 '스마트 베타(smart beta)' 개념이다. 스마트베타는 말 그대로 베타
가 스마트하다는 것인데, 그만큼 합리적이고 유연한 베타를 만들어낸
다는 의미이다. 스마트베타는 전통적인 시가가중 인덱싱 방식에서 탈
피하여 다양한 방법으로 인덱스 구성을 달리함으로써 베타 시장수익
률을 극대화하려는 접근방식을 통칭한다. 주요 팩터(성장성, 밸류, 변
동성 등)에 중점을 두고 투자한다는 의미에서 팩터 인베스팅(factor
investing)이라고 부르기도 한다. 거의 같은 개념이다. 금융위기 이후
극단적 또는 시스템적 위험에 눈뜨면서 투자기관들이 어떤 리스크 하
에서도 안정적인 수익률을 확보할 수 있는 방법을 찾게 되면서 각광
받기 시작했다. 사실 전통적인 시장가중 인덱싱은 시가가중으로 구
성된 시장 포트폴리오와 개별포트폴리오 수익률 간 관계를 설명하는
CAPM(Capital Asset Pricing Model)[13]을 근거로 하므로 이론적 측면에

---

13   CAPM[$E(R_i) = R_f + \beta_i(E(RM)-R_f)$]은 완전자본시장 가정하에서 개별자산 수익률이 시
장수익률과 연동되어 움직인다는 이론으로, 시장수익률 변화에 대한 개별자산 수익률 변화,
즉 β리스크(체계적 시장 리스크)가 자산가격 결정의 주요 요인임을 설명한다.

서 체계가 튼튼하다. 그러나 CAPM이 가정하는 위험회피형 투자자나 완전균형 자본시장 등은 현실에서 성립하지 않을 가능성이 크다. 따라서 시가가중 포트폴리오 역시 CAPM에서 말하는 균형상태가 아닐 확률이 매우 높다는 점에 착안한 것이 스마트베타 개념이다.

스마트베타는 전통적인 시가가중 인덱싱을 제외한 인덱싱을 통칭하는 개념으로 다양한 방법이 있을 수 있는데, '장부가기준', '성장률기준', '규모기준', '최소변동성기준' 등이 흔히 다루어진다. '장부가기준 (book value based)' 방식은 변동성이 큰 시가가중 방식 대신 재무상태 분석을 통해서 구한 가치, 즉 장부가나 자본구조를 기준으로 가중한 베타를 이용하여야 한다는 주장이다. '성장률 기준(growth based)' 방식은 시가 이외에 다른 펀더멘털 지표를 이용하여야 한다는 주장이다. 예를 들어 시장성이 낮아 현재 글로벌 인덱스에 포함되어 있지 않은 세계 GDP 2위 중국 채권이 인덱스에 포함되어야 한다는 주장이 이에 해당한다.

또한 CAPM 가정이 비현실적이어서 시가가중 인덱스 역시 불완전할 수밖에 없다면 인덱스 내 전체 채권구성을 따를 것이 아니라 대표성이 높거나 밸류가 큰 일부 채권으로 범위를 좁혀 인덱싱하자는 주장이 '규모기준(small cap, large cap)' 방식이다. 한편, 시가가중은 경기에 따라 인덱스가 변동하는 '경기순응성' 문제가 발생하므로 '시가'보다는 '변동성'을 기준으로 인덱스를 구성해야 한다는 논리가 '최소변동성기준(minimize volatility)' 방식이다. 수익보다는 변동성에 초점을 둘 경우

단기적 수익률은 낮을 수 있으나 장기적으로는 변동성이 낮아 위험대비 수익성이 우수하다는 주장이 이를 뒷받침한다.

투자자들의 스마트베타 이용과 관련하여 필자가 경험했던 내용을 간단히 소개해 본다. 어느 국제회의에서 노르웨이 공적연금 NBIM에서 일한다는 젊은 박사와 이야기할 기회가 있었다. NBIM은 어떤 식으로 벤치마크 구성을 하는지 질문하였더니, 경기순응성 문제 때문에 시가가중 방식은 오래전에 포기하였다고 하면서 현재는 거의 노뷰(No view)에 가까운 스마트베타를 벤치마크로 하고 있다고 답하였다. 즉 벤치마크는 있는데, 어떤 특별한 기준이 없는 상태에서 거의 무작위적인 인덱스를 구성해 투자한다는 것이다. 주식 인덱스로 여러 가지 다양한 시도를 해보았지만 위험대비 수익률이 일관되게 앞서는 어떤 룰을 발견할 수 없어 하나의 기준만을 적용하지 않는다는 것이다. 물론 엄밀히 말해 무작위라기보다는 장부가, 펀더멘털, 변동성 등 여러 기준이 기술적으로 혼합되어 있다는 표현이 적절할 것 같다는 것이 그의 설명이었다. 매우 현실성 있는 답변이라고 생각되었다. 어떤 하나의 인덱스가 바람직한 성과를 가져준다는 확신이 없다면 굳이 특정 인덱스를 벤치마크로 정할 필요 없이, 경험적으로 검증된 기준들을 혼합하여 이용하는 것도 매우 실용적인 접근법이라는 생각이 들었다.

- 10 -
성공적인 투자의 비결이 있을까?

누구나 성공적인 투자를 원한다. 그렇다면 성공적인 투자를 하는 비결이 혹시 있을까? 만약 비결이 있다면 누구나 그 길을 찾을 것이므로 더는 비결이 될 수 없다. 다만 어떻게 성공적인 투자를 이끌 수 있는지 방법론을 이해한다면 스스로 길을 찾는 힘을 얻을 수 있을 것이다. 이에 그 방법론을 정리해보고자 한다.

그 방법론은 어찌 보면 뻔한 얘기 같지만 투자의 성공률(success rate)을 올리거나 투자 성공의 빈도(frequency)를 높이는 것이다. 여기서 성공률은 포트폴리오 매니저의 역량(skill)과 연결되며, 성공 빈도는 투자대상의 범위가 얼마나 넓은가(breadth) 하는 문제와 연결된다. 결국 성공적인 투자는 얼마나 능력 있는 매니저가 얼마나 수익률이 높은 투자대상물에 투자하여 얼마나 자주 초과수익을 획득할 수 있는가의 문제로 정리된다.

그렇다면 투자의 성공확률(success rate=skill)과 빈도(frequency= breadth)가 수익률과 위험에 어떻게 영향을 미칠까? 그 구체적인 영향을 수식을 통해 살펴보면 다음과 같다. 먼저 정규분포를 가정해보자. 정규분포 가정하에 도출되는 수익률분포의 확률밀도함수는 다음과 같다.

$$f(x) = \frac{1}{\sqrt{2\pi}\sigma} e^{-\frac{(x-\mu)^2}{2\sigma^2}}$$

기대수익률이 0이 되는 효율적 시장에서 수익률분포가 정규분포(평균 μ, 표준편차 σ)를 따른다고 할 때 포트폴리오 매니저의 성공확률이 높을 때는 분포의 오른편에, 낮을 때는 분포의 왼편에 위치하게 된다. 따라서 성공확률이 높을 경우에는 평균(0) 오른편 분포의 평균인 $\sigma\sqrt{(2/\pi)}$ 또는 대략 0.8σ의 수익률을 얻게 된다. 예를 들어 투자성공률이 100%이고 투자횟수가 n회라고 가정하면 기대수익률은 $n\sigma\sqrt{(2/\pi)}$, 위험은 $\sigma\sqrt{n}$, 위험조정수익률(IR)은 $\sqrt{(2n/\pi)}$이 된다. 투자성공률이 χ%라고 하면, $(2\chi-1)n\sigma\sqrt{(2/\pi)}$, 위험은 $\sigma\sqrt{n}$, 위험조정수익률(IR)은 $(2\chi-1)\sqrt{(2n/\pi)}$이 된다.

이와 같은 관계를 투자성공률 χ와 위험조정수익률 IR과의 관계식으로 다시 정리해보면 $\chi = 1/2[\text{IR}\sqrt{(\pi/2n)}-1]$로 나타낼 수 있다. 즉 성공률(χ)이 높아질수록 위험조정수익률(IR)이 높아지는 (+)관계가 이루어진다. 이때 만약 성공률이 같다면 투자빈도가 높아질수록 위험조정수익률도 높아지게 된다. 예를 들어, 위험조정수익률 목표가 0.5이고 투자빈도가 분기에 한 번이라면 성공률은 66%가 되어야 하며, 월 한 번이라면 60%, 2주에 한 번이라면 56%가 되어야 한다. 달리 말하면 같은 위험조정수익률을 올리려면 투자성공률이 높든지 아니면 투자빈도가 높아야 한다.

보통 채권투자에 있어 방향성 투자인 듀레이션 베팅만으로는 높은 수익률을 달성하기 어렵다는 말을 많이 한다. 이 같은 통설도 위의 관계식을 통해 설명할 수 있다. 즉, 듀레이션 베팅은 기본적으로 경제나 금융여건의 변화, 즉 매크로 펀더멘털 전망에 기초하여 이루어지므로 단기간에 잘 변화하지 않는 펀더멘털의 특성상 투자빈도를 높게 하기가 어렵다. 이처럼 투자빈도가 낮을 수밖에 없는 경우에는 같은 IR목표 달성을 위해 성공률을 높여야 하는데, 효율적 시장하에서 성공률을 높인다는 건 매우 어려운 일이다. 따라서 듀레이션 베팅만으론 투자성공률과 투자빈도 모두를 높게 하기 어려워 자연히 IR목표를 달성하는 것도 어렵게 되는 것이다.

그렇다면 목표 위험조정수익률을 개선하기 위해 투자성공률과 성공빈도를 각각 어떻게 향상시킬 수 있을까? 먼저 성공률을 보자. 성공률은 아무리 뛰어난 전문가라 할지라도 효율적인 금융시장을 이겨야 하는 싸움이기 때문에 그 수준을 높이는 데 한계가 있다. 그래도 성공률, 즉 투자운용역량을 높이기에 좋은 투자환경으로는 당연히 정보가 다양하고 비효율적이며 섹터별로 분리된 시장일수록 좋다. 따라서 투자정보가 다양하고 비효율적이며 섹터별로 분리된 시장을 찾기 쉬운 '글로벌 시장'이 정보가 유사하고 거의 단일시장이라 할 수 있는 '국내(로컬)시장'에 비해 유리하다. 또한 시장 효율성이 떨어지는 회사채나 신흥국주식, 채권 등 '고위험 자산'이 효율성이 높은 국채나 선진국주식, 채권 등 '저위험 자산'에 비해 성공률이 높을 수 있다.

한편 성공빈도는 어떠한가? 이는 성공률이나 투자역량보다 훨씬 관리가 쉽다. 우선 투자대상 시장이나 상품을 다양화하여 투자영역을 넓히는 것이 성공빈도를 높이는 가장 좋은 방법이다. 투자영역을 넓히는 다변화 측면에서도 국내시장보다는 글로벌시장 투자가, 단일 상품보다는 복수 상품 투자가 유리할 수 있다. 또한 현물 외에 다양한 파생상품을 활용하거나 투자전략 또는 투자와 관련된 리스크팩터(듀레이션, 커브, 스프레드, 통화 등)를 다양화하는 노력도 투자영역을 확대하는 좋은 방법이 될 수 있다.

– 11 –
투자를 위한 두 가지 접근법,
펀더멘털 접근과 금융시장 접근

　투자의사 결정을 하기 위한 접근법에는 크게 거시경제 여건 분석에 기초한 펀더멘털 접근과 금융시장의 비효율성을 찾아 투자하는 금융시장 접근, 두 가지가 있다. 여기에 하나 더 추가한다면 과거 시계열을 바탕으로 미래 가격 움직임을 추정하는 기술적 접근(technical analysis) 정도가 되겠지만, 기술적 분석의 유효성에 대해선 논란이 많아 이를 정식 접근으로 분류하기는 무리가 있다. 기술적 분석의 유효성 논란이란 한마디로 과거 가격변동을 가지고 미래를 예측하는 것은 불가능하므로 기술적 분석 역시 미래 가격 예측에 쓸모가 없다는 주장이다. 최근 들어 이 같은 주장이 힘을 받는 추세인데, 특히 금융위기를 겪고 극단적 위험에 대한 인식이 확산되면서 기술적 분석에 대한 신뢰 역시 많이 줄어든 것이 사실이다. 그러나 아직도 시장지표 발표 등에 대한 투자자들의 반응행태를 추정할 때 기술적 분석을 참고할 필요성은 분명히 존재한다.

　펀더멘털 접근은 성장률, 인플레이션, 재정 및 통화정책, 국제수지 등 거시지표나 기업이익, 성장성 등 미시적 재무지표가 자산가격에 미치는 영향을 전망하여 투자하는 방법이다. 거시경제 사이클이 자산가격에 미치는 영향은 과거 경험을 통해 어느 정도 파악이 가능하고, 그 영향이 전방위적이어서 분석의 중요성을 아무리 강조해도 지나치지 않는다. 특히 경제위기의 반복으로 극단적 위험 발생이 투자손익에 막대한 영향을 미칠 수 있다는 학습효과가 더해지면서 거시경제분석의 중요성은 더욱 강조되고 있다. 한편 미시적 측면에서의 기업 펀더멘털, 즉 재무제표 분석은 이제 투자에서 기본 중의 기본이 되어 있다. 증권투자에 있어 계량적 지표 분석의 중요성을 강조한 벤저민 그레이엄(1894~1976)의 증권분석(Security Analysis, 1934)을 시발점으로 하여 처음엔 펀더멘털에 비해 가격이 지나치게 낮게 책정된 주식, 즉 가치주 투자를 위한 분석이 주를 이루었으나, 이젠 투자전략과 관계없이 모든 투자의 기본 단계로 인식되고 있다.

반면, 금융시장 접근은 제도적 차이 등으로 시장이 분리되어 있거나 쏠림현상 등으로 시장의 비효율성이 발생했을 때 알파수익을 추구하는 방법으로, 예를 들어 시계열 변수 간에 (+)상관관계가 있는 경우, 즉 트렌드가 지속될 것으로 판단되는 경우의 모멘텀 투자, (−)상관관계가 있는 경우, 즉 평균 회귀 경향이 있는 경우의 가치주 투자를 선호하는 것이 이에 해당된다.

그러나 펀더멘털 분석과 금융시장 접근은 결코 따로 존재하지는 않는다. 가치주 투자의 경우를 예로 들면, 먼저 투자자산 간 (−)상관관계, 즉 평균회귀경향이 있다고 판단(금융시장 접근)되면 펀더멘털 분석을 통해 저평가되어 있는 자산을 집중적으로 매입하여 포트폴리오를 다변화하는 식으로 투자자산 구성이 이루어진다. 즉 금융시장 접근과 펀더멘털 접근이 동시에 이루어지는 것이다. 여기에 매매 타이밍 등을 정할 때 기술적 분석을 활용하여 시장의 패턴을 추정하고 적용하는 방식이 더해진다.

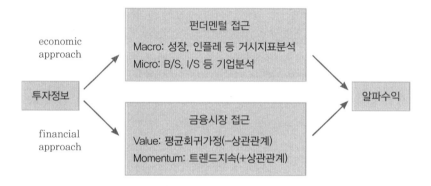

- 12 -
미리 정한 룰에 따라 투자?
아니면 그때그때 재량으로 투자?

투자방식을 또 다른 관점에서 보면, 특정한 기준을 미리 정해놓고 이에 따라 자동적으로 투자하는 '준칙에 의한 투자(rule-based investing)'와 그때그때 상황판단에 따라 달리 투자하는 '재량에 의한 투자(discretionary investing)' 두 가지 방식으로 나누어 볼 수 있다. 두 방식 모두 장단점이 있고 투자자의 선호에 따라 선택할 수 있으나 이 역시 어느 한 방식만 이용한다기보다 둘을 혼합하여 쓰는 경우가 많다.

준칙에 의한 투자는 포트폴리오 매니저의 판단을 최대한 배제하고 모델 결과에 따라 기계적으로 투자하는 정량적(quantitative) 투자방법이다. 반면 재량에 의한 투자는 포트폴리오 매니저의 판단과 역량에 주로 의존하여 투자하는 정성적(qualitative) 투자방법이다. 준칙투자는 시장의 쏠림 같은 비이성적 흐름에 휩쓸리지 않고 체계적인 투자원칙을 고수할 수 있으며, 수익의 진폭은 작으나 안정적인 성과를 거둘 수 있다는 장점이 있지만, 일정한 패턴을 가정하여 모델이 구성되기 때문에 시장의 구조적인 변화에 적절히 대응하기 어렵다는 단점이 있다. 재량투자는 어떤 성격의 변화이더라도 포트폴리오 매니저의 판단에 따른 신축적인 대응이 가능하다는 장점이 있다. 준칙투자에서 이용하는 투자모델은 기본적으로 모든 시장요인를 반영할 수 없으므로 한계가 있을 수밖에 없고, 따라서 재량투자가 상대적으로 유리하다고 주장하는 근거가 되기도 한다. 위에서 언급한 모멘텀 투자(+시계열 상관관계)와 가치투자(-시계열 상관관계)가 준칙투자의 대표적인 예이다.

준칙에 의한 투자가 성공하기 위해서는 몇 가지 요건들이 있다. 우선 오컴의 면도날의 법칙(단순함이 복잡함을 이긴다)처럼 모델이 단순해야 한다. 너무 많은 지표를 포함하거나 복잡한 계량분석은 투자준칙을 실행에 옮기는 데 혼란을 준다. 가급적 핵심지표 위주로 단순명료한 모델을 구성하여 거래 원칙을 명확하게 설정하는 것이 중요하다. 또한 거래의 원칙이 거래규모보다는 거래의 방향과 연관될 수 있도록 설정하는 것이 중요하다. 예를 들어 모델이 매입신호를 강하게 주었다고 해서 투자규모를 크게 늘리기보다는 거래규모는 크지 않게 하면서 모델이 제시한 방향성에 맞게 그때그때 과감히 실행하는 방식이 더 효과적일 수 있다.

또한, 리스크가 상대적으로 높은 상품의 투자비중을 늘림으로써 리스크에 대한 일종의 보상인 리스크 프리미엄을 획득하려는 이른바 고수익 투자(overweight high yielding)도 매우 보편적인 투자전략 중 하나이다. 자산종류별로 보면 통화의 경우 선진국에 비해 이자 등 캐리수익이 높은 신흥국 자산을 오버웨이트하는 전략이, 속성상 수급에 영향을 많이 받는 커머더티 투자의 경우 과거 성과가 좋은 상품에 오버웨이트하는 모멘텀 투자전략이, 채권의 경우 기간 프리미엄에 의해 보유 시 캐리수익이 높은 장기물 비중을 확대하는 커브 전략과 신용채권(회사채, 신흥국채)의 투자비중을 늘리는 자산배분 전략이 많이 이용된다.

- 13 -
투자에 있어 실질금리가 중요한 이유는?

팬데믹 이후 가장 두드러진 경제 이슈는 단연 '인플레이션'과 '금리 인상'이다. 코로나로 인한 공급망 부족 문제가 해소되면 물가가 다시 안정을 찾을 것이라 주장하던 연준의 스탠스가 그렇지 않다는 쪽으로 급선회하면서 2022년중에 연준의 금리인상 속도가 갑자기 빨라지는 상황이 발생했다. 이처럼 금리상승 기대가 갑자기 증폭될 때가 투자에 있어선 가장 위험한 시기라 할 수 있는데, 그건 자금조달 코스트로서 금리는 어떤 특정 섹터가 아니라 모든 섹터 전반에 엄청난 파급력을 가지는 변수이기 때문이다.

하지만, 이때 생각해봐야 할 이슈가 또 하나 있다. 바로 금리를 명목금리로 보아야 할지, 아니면 실질금리로 보아야 할지 그 기준을 어디에 두어야 하는가 하는 문제이다. 답은 실질금리로 보아야 한다는 것이며 그 이유는 다음과 같다. 먼저 금리가 투자대상 기업에 문제가 되는 것은 자금조달 비용을 좌우하기 때문인데, 실질적인 조달비용은 명목금리보다는 실질금리에 의해 달라진다. 예를 들어 명목금리가 아무리 높아도 인플레이션이 그보다 더 높다면 실질금리는 (–)가 되어 자금조달부담은 오히려 적어진다. 반면 명목금리가 아무리 낮아도 인플레이션이 그보다 더 낮다면 실질금리는 (+)가 되어 자금조달부담은 더 커진다.

보통 중앙은행이 기준금리를 인상하는 시기는 인플레이션 우려가 큰 경우이다. 인플레이션은 공급충격 같은 예외적인 경우만 아니라면 보통 경기가 좋을 때 발생한다. 따라서 금리상승과 물가상승이 비슷하게 빨라질 가능성이 크고, 이 경우 실질금리에는 큰 변화가 없을 수 있다. 즉 명목금리가 오른다고 해서 무작정 자금조달부담이 커져 주가가 내려갈 것으로 예측해서는 곤란하다는 이야기이다. 그러므로 주식이나 채권 등 기업투자에 있어 명목금리보다는 실질금리의 움직임과 그 영향을 살필 필요성이 매우 큰 것이다. 특히 부채 규모가 큰 기업일수록 금리에 민감하므로 그 필요성은 더욱 커진다. 또한 미래의 현금흐름이 큰 성장주, 기술주일수록 금리(수익률)로 할인하여 현재가치를 산출하는 과정에서 다른 섹터에 비해 금리의 영향력이 더 커서 실질금리의 향방에 주가가 크게 좌우된다.

한편, 해당 기업이 실질금리 변동에 얼마나 민감한지를 파악할 수 있는 좋은 지표가 있는데 바로 해당 기업의 '신용스프레드'이다. 금리가 변할 때 기업의 신용스프레드가 어떻게 변화하는지를 살펴봄으로써 그 기업의 재무상황이 어떤지 손쉽게 알아볼 수 있다. 최근에는 실질금리와 신용스프레드 간에 (+)상관관계가 점점 더 높아지는 추세이다. 한편, 시장 전반의 실질금리 수준이 어떤지를 파악하는 수단으로는 물가연동채권(미국의 경우 TIPs)의 수익률을 보면 된다. TIPs는 소비자물가지수에 연동되어 채권의 원금가치가 주기적으로(매월) 변동하는 미국 국채로 수익률이 명목이 아닌 실질 기준으로 평가된다. 다만 이때 유의할 점은 TIPs 자체가 거래가 매우 활발한 투자상품이므로 시장의 수급에 따라서도 수익률(실질금리)이 달라진다는 점이다. 즉 경제의 실질금리가 상승하는 시점에도 시장의 TIPs 수요가 많다면 TIPs의 실질수익률은 별로 오르지 않을 수 있다. 다시 말해 TIPs를 통해 시장의 실질금리 수준을 가늠할 때는 수급에 따른 왜곡이 있는지도 잘 살펴볼 필요가 있다.

- 14 -
시장 리스크란 정확히 어떤 개념인가?

투자에 있어서 리스크란 무엇일까? 우선 생각나는 것은 원금을 회수하지 못하는 원본손실위험, 즉 투자대상의 디폴트 위험이다. 이는 투자대상이 부도 등으로 더 이상 영업하지 못하게 될 경우 발생하는 대표적인 신용 리스크이다. 다음으로 생각나는 것은 가격이 폭락하여 시장가치가 매입가를 훨씬 밑돌게 되는 가격변동위험이다. 이는 시장 상황 변화에 따라 발생하는 위험으로 대표적인 시장 리스크에 해당한다. 또한 해당 투자자산을 처분하고 싶어도 마음대로 처분하지 못해 발생하는 위험, 즉 유동성이 낮아 발생하는 위험은 유동성 리스크로 분류한다. 대체로 이상 세 가지 유형의 리스크, 즉 신용, 시장, 유동성 리스크를 투자와 관련한 3대 리스크로 칭한다. 이들 3대 리스크를 줄이기 위해 포트폴리오를 투자의 안전성(safety, 신용 리스크), 수익성(profitability, 시장 리스크), 유동성(liquidity, 유동성 리스크) 3대 원칙과 연계하여 관리하는 것이 글로벌 투자자들의 기본적인 리스크 관리 방식이다. 이 밖에 추가적으로 운영 리스크(operational risk), 평판 리스크(reputational risk), 법적 리스크(legal risk) 등 제반 위험을 관리하는데, 개인이나 기관 할 것 없이 어떤 위험을 더 중요하게 생각하는지에 따라 그 관리방식이 달라진다.

　그렇다면 이들 리스크 관리는 구체적으로 어떻게 이루어질까? 한마디로 표현하자면 해당 리스크를 가장 잘 측정할 수 있는 리스크 지표를 찾아서 그 지표의 움직임을 계속 살펴보고 지표가 한도를 벗어날 때 과감히 액션(포지션 청산 등)을 취하는 형태로 이루어진다. 이때 가장 중요한 것은 ⅰ) 리스크를 얼마나 정확하게 측정하는지 ⅱ) 얼마나 효과적으로 대응하는지 두 가지이다. 여기서 ⅱ) 리스크를 얼마나 효과적으로 대응하는가 하는 문제는 투자자별로 워낙 차이가 크므로 일률적으로 설명하기가 어려우나 ⅰ) 리스크를 얼마나 정확하게 측정하는가 하는 문제는 리스크 지표와 관련되므로 개략적인 설명이 가능하다. 하나씩 살펴보기로 한다.

　먼저 시장 리스크이다. 개별 채권이나 주식의 가격변동위험을 통제하는 방법으로 가장 널리 쓰이는 전략은 '손절매(stop loss)'이다. 투자자별로 각자 감내할 수 있는 한도(risk tolerance)를 설정하고 가격손실이 그 한도를 벗어나면 기계적으로 포지션을 처분하는 전략을 의미한다. 사전적으로 정한 수준에 도달하면 자동으로 매각이 이루어지는데, 만약 시장평균회귀 성향에 의해 가격이 다시 정상화된다면 동 전략의 실효성은 낮아질 수밖에 없다.

　채권이나 주식의 개별 수준이 아닌 포트폴리오 수준에서의 시장 리스크를 관리하는 대표적 지표로는 VaR(Value at Risk)이 있다. VaR이란 주어진 신뢰수준하에서 정해진 기간 동안 시장위험으로 인한 가격 변화로 발생 가능한 최대손실예상액을 말한다. 예를 들어 95% 신뢰수준에서 1일 VaR이 10만 달러라면 평균적으로 100일 중 5일은 가격 변화에 따라 10만 달러 이상의 손실을 입을 수 있다는 이야기다. VaR 은 투자와 관련한 리스크를 하나의 통합된 수치[14]로 보여주기 때문에 이해가 쉽다는 장점이 가장 크다. 한편, 투자결정에 있어서는 절대적인 리스크 수준을 나타내는 VaR보다 추가적인 리스크 수준을 보여주는 한계 VaR(Marginal VaR)이 더 유용할 수 있다. 한계 VaR은 포트폴리오에 어떤 포지션을 추가함에 따른 리스크 증감으로 (a포지션이 있을 경우의 포트폴리오 VaR − a포지션이 없을 경우의 포트폴리오 VaR)로 정의된다. 한계 VaR은 추가되는 포지션과 기존 포트폴리오 간 상관관계에 따라 달라지는데, 상관관계 $\rho \geq 0$이면 +, $\rho < 0$이면 −값을 가진다. [한계 VaR = 추가되는 포지션의 VaR값 ×ρ]로 표현되는데, 예를 들어 ρ =1인 경우 한계 VaR은 그대로 추가되는 포지션의 VaR값과 일치한다. 이 지표는 각각의 개별 포지션의 추가적인 리스크를 보여주기 때문에 전체 포트폴리오의 리스크 관리를 위하여 어떤 포지션을 줄이고 늘려야 하는지 의사 결정하는 데 유용하게 쓸 수 있다. 리스크 측면에서만 본다면 포트폴리오 내 다른 포지션과의 상관관계가 작아($\rho < 0$) 추가되었을 때 전체 리스크를 줄이는 포지션(=헤지)이라면 늘리고, 반대로

---

14   VaR을 구하는 방법으로는 과거 시계열 자료를 이용하는 모수적(parametric) 방법과 시뮬레이션 기법을 이용하여 수익률 분포를 추정한 후 VaR값을 구하는 비모수적 (nonparametric) 방법 두 가지가 있다.

상관관계가 커서(ρ>0) 리스크를 크게 하는 포지션이라면 줄이는 전략을 취해도 된다.

한계 VaR은 추가적인 리스크의 크기를 나타내기 때문에 벤치마크와는 크게 상관이 없다. 반면 벤치마크에 비해 내 포트폴리오의 수익률이 얼마나 벗어나 있는지를 측정하는 리스크 지표가 있는데 이를 상대(Relative) VaR이라 한다. 이는 벤치마크 대비 초과수익률의 변동성(표준편차)으로 정의되며, 정확히 추적오차(tracking error)와 개념이 일치한다. 단위(Unit) VaR은 상대 VaR을 연율화한 개념이며, 거래(Trade) VaR은 단위 VaR에 투자규모를 반영한 개념인데, 예를 들어 1억 달러 투자를 연율화한 상대 VaR(=Unit VaR)가 10bp라면 2억 달러 투자 시 거래 VaR은 20bp가 된다. 어떤 포지션의 단위 VaR가 매우 크다 해도 그 포지션을 추가함에 따른 한계 VaR가 작다면 전체적인 포트폴리오 리스크 관점에서는 이 포지션을 추가함에 따른 다변화효과가 크다고 판단할 수 있다.

VaR 중에 기관 투자자들이 중요하게 생각하는 지표가 하나 있는데, 바로 조건부 VaR(Conditional VaR), 즉 CVaR이다. CVaR은 'VaR을 초과하여 발생할 수 있는 손실액에 대한 조건부 기대평균'으로 정의되며, 위기 상황에서의 기대평균 손실액, 즉 극단적 손실위험을 측정하는 지표이다. 금융위기 전까지는 주목받지 못했으나 언제든 정규분포상 끝부분, 즉 꼬리위험이 발생할 수 있다는 인식이 확산되면서 중요한 리스크 관리지표로 자리를 잡게 되었다[15].

　VaR값은 리스크의 총량을 숫자 하나로 보여준다는 점에서 이해가 쉽고 관리가 쉽다는 장점이 있으나 수익률분포를 추정하고 평균값을 산출하는 등 일반 투자자들이 활용하기에는 다소 복잡한 게 사실이다. 이와는 다르게 누구라도 쉽게 계산하고 직관적으로 이해할 수 있는 시장 리스크 지표가 있는데 바로 '최대손실률(Maximum Drawdown: MDD)'이다. '과거 최고점에서 최저점까지의 하락폭'으로 정의되는 MDD는 단순하고 현실설명력이 높다는 장점이 있다.

　한편, 내 포트폴리오의 수익률이 벤치마크의 수익률 변화에 얼마나 민감하게 반응하는지를 측정하는 지표로는 '베타(β)'가 있다. 이는 [내 포트폴리오 수익률 = α+β×벤치마크 포트폴리오 수익률 + e_i]에서 계수 β를 의미하는데, 벤치마크 수익률에 대한 내 포트폴리오 수익률의 민감도(기울기)라 할 수 있다. 만약 β>1이라면, 시장 수익률 변동에 비해 내 포트폴리오의 수익률 변동이 더 크다는 의미로, 내 포트폴리오에 변동성이 큰 종목이 많이 담겨 있다고 해석할 수 있으므로 자신의 리스크 감내 수준에 따라 종목 조정을 고려해볼 수 있다.

15　CVaR은 앞서 말한 방법 중 수익률 분포를 추정하여 계산하는 시뮬레이션 기법을 이용하여 산출되는데 보통 몬테카를로 시뮬레이션을 주로 이용한다.

기관 투자자들이 이용하는 대부분의 리스크 관리모델[16]에서는 포트폴리오의 리스크를 전체 단위, 서브섹터 단위, 리스크팩터별, 투자전략별, 만기별 등 다양한 관점에서 보여주고 있어 그때그때 포트폴리오의 위험수준을 다각도로 파악하여 대응할 수 있다. 이를 리스크요인분해(risk attribution)라 하는데, 성과요인분해(performance attribution)가 사후적인 수익률을 이용하여 분석하는 개념이라면, 리스크요인분해는 주로 사전적인 리스크 지표를 이용하여 분석한다는 점에서 다르다.

리스크 지표의 예

투자규모	투자전략	투자유형	Unit VaR	Trade VaR	Marginal VaR
2백만 달러	미회사채 매입/미국채 매도	Credit spread	5bp	10bp	2bp
4백만 달러	독일국채 10년물 매입	Duration	2bp	8bp	1bp
3백만 달러	일본국채 2년매도/10년매입	Curve	1bp	3bp	0.2bp
6백만 달러	유로매입/달러 매도	FX	3bp	18bp	1.5bp

자료: JP Morgan

---

16 MSCI Barraone, BlackRock Aladin, 바클레이즈 POINT, 제이피모건 Portfolio Trade Analyser 등이 이에 해당한다.

- 15 -
신용, 유동성 리스크 지표로는
어떤 것들이 있을까?

리스크 중 두 번째 카테고리, 신용 리스크는 우리가 흔히 말하는 '상대방 또는 투자대상기업이 망할 경우 어떻게 되나?' 하는 문제와 직결된다. 이 같은 파산위험을 다루는 대표적인 지표가 바로 투자대상물의 신용등급이다. 금융위기를 계기로 S&P나 Moody's 같은 국제신용평가사가 책정하는 신용등급이 그다지 객관적이거나 정확하지 않다는 인식이 퍼지면서 그 신뢰성이 흔들리긴 했으나 여전히 신용등급은 가장 범용적인 신용 리스크 관리지표이다. 신용등급의 대안으로 부각된 시장지표로는 OAS(Option Adjusted Spread), EDF(Expected Default Frequency), CDS(Credit Default Swap) 스프레드 등이 있다.

OAS는 옵션프리미엄을 반영한 스프레드로, 채권가격을 통해 실시간 확인할 수 있다는 장점이 있다. 그러나 한편으론 해당 채권의 수급에 직접 영향을 받기 때문에 신용 리스크만 나타낸다고 할 수 없는 단점도 있다. EDF는 1년 내에 원리금 상환에 실패하여 부도에 이르게 될 확률로, 해당 기업의 파산위험을 가장 잘 나타낸다는 장점이 있으나, 해당 주가에 크게 영향받고 데이터 산출에 제약이 크다는 단점이 있다. CDS스프레드는 시장에서 활용도가 높고 데이터이용에 제약도 거의 없는 장점이 있지만, 일종의 파생금융상품이기 때문에 해당 투자 대상뿐 아니라 거래기관 리스크(counterparty risk)까지 포함되어 리스크 구분이 모호할 수 있다는 단점이 있다.

기관 투자자들의 경우에는 포트폴리오의 신용 리스크 관리를 위해 모델[17]을 이용한 '신용 VaR(Credit VaR)'을 산출하기도 한다. 신용 VaR 은 일정기간 주어진 신뢰수준하에서 발행기업의 신용도 변화에 따른 자산가격변화로 발생할 수 있는 최대 손실 규모를 의미한다. 또한 장 내(거래소) 거래를 주로 하는 개인 투자자들과는 달리 장외거래도 활발히 하는 기관 투자자의 경우 신용 리스크 축소를 위해 해당 포지션에 대한 담보관리도 철저히 한다. 대표적인 예가 금리스왑이다. 보통 장외파생거래의 표준계약인 ISDA에 CSA(Credit Support Annex)라는 부속서를 첨부하여 당사자 간 계약을 맺고 이에 준거하여 담보를 교환하는데, 마진콜을 할 수 있는 임계치 등 담보 교환조건은 거래당사자의 신용도에 따라 달리 적용한다. 즉 신용도가 높은 쪽이 유리하도록 계약이 이루어지는 게 보통이다. 만약 담보 교환이 번거롭다고 해서 어느 일방이 담보 교환을 거부하는 경우에는 시장원리에 따라 담보를 제공하지 않는 쪽의 가격조건이 그만큼 불리해진다. 유리한 거래가격을 확보하기 위해서라도 담보 교환은 필수적이다.

---

17   Moody's Analytics의 Risk Frontier 등

리스크 중 세 번째 카테고리, 유동성 리스크는 우리가 가진 자산을 필요할 때 팔아 현금을 마련할 수 없거나, 팔 수는 있어도 제값을 받지 못하고 헐값에 팔게 될 위험 두 가지를 말한다. 앞부분은 유동화 자체가 불가능한 상황이고 뒷부분은 유동화 비용이 너무 커서 손실이 커지는 상황이다. 보통 위기 상황을 떠올리면 쉽게 이해가 가는데, 위기 시에는 자산매각이 여의치도 않고, 너도나도 팔다 보니 제값을 받기 어려울 수밖에 없다. 평소에 이런 유동성 리스크를 정확히 파악하기란 매우 어렵지만 그만큼 중요하다. 기관 투자자들이 많이 이용하는 유동성 지표로는 단순하면서도 직관적인 '매매호가 스프레드(bid-off spread)'가 대표적이다. 보통 개별 채권별 매매호가 스프레드를 채권 가격에 곱하여 보유 규모별로 가중평균한 '포트폴리오 유동화비용'을 주로 이용한다.

$$유동화비용 = V_t \times S \, (S = ask\,price - bid\,price, \, V_t : 보유채권의\ 시장가치)$$

여기서 위기 시 매매호가 스프레드는 블룸버그가 제공하는 자산 그룹별 스프레드 분포 중에서 스프레드가 큰 순으로 상위 99%에 해당하는 스프레드를 이용하는 경우가 많다. 한편 헤어컷(hair-cut) 가정도 생각해볼 수 있다. 회사채와 같이 유동성이 낮은 채권의 경우 위기 시 가격할인 폭이 커지므로 이를 감안하여 개별채권별 헤어컷 수준을 반영한 유동화비용을 고려해볼 수 있다.

- 16 -
직관적으로 가장 이해하기 쉬운 투자전략,
리스크 온 오프전략

　일반 투자자들이 가장 직관적으로 이해하기 쉬운 투자전략 중 하나가 리스크 온(risk on), 리스크 오프(risk off) 전략이다. 말 그대로 경제가 안정되어 위험선호투자가 활발한 경우를 리스크 온, 경제가 불안하여 위험회피투자가 활발한 경우를 리스크 오프 투자라 한다. 따라서 리스크 온 전략은 채권보다는 주식, 국채보다는 회사채, 투자등급채권보다는 투기등급채권, 우량주보다는 성장주, 선진국보다는 신흥국자산, 금보다는 코인 등의 상품이 선호되며, 리스크 오프 전략은 정확히 반대가 성립된다.

　리스크 온 오프전략은 전체적인 매크로 경제상황이 안정적(위험선호)인지, 불안정적(위험회피)인지 여부와 투자자들의 위험선호성향, 그리고 투자대상에 내재된 위험의 정도를 서로 매칭하여 투자하는 것으로 투자대상의 개별적 특성보다는 전반적인 거시경제여건이나 지정학적 리스크, 투자심리의 변화 등을 우선적으로 고려한다. 경기가 상승하는 상황을 예로 들어보자. 경기 상승은 분명 리스크 온이다. 그러나 경기가 상승하면서 인플레이션이 문제가 된다면 그건 리스크 오프이다. 이 경우 인플레이션을 잡기 위해 중앙은행이 강력한 통화긴축을 시행한다면 경기가 꺾이면서 침체 우려가 커져 다시 리스크 오프가 된다. 인플레이션이 잡히기라도 하면 다행이지만 인플레이션마저 안 잡히는 스태그플레이션으로 악화된다면 그건 더 심한 리스크 오프이다. 경기도 상승하고 인플레이션도 안정적인 상황을 가정하더라도 갑자기 코로나 충격이 온다거나 전쟁이 발발한다거나 하는 이벤트가 발생하면 다시 리스크 오프로 돌변한다. 따라서 리스크 온 오프 전략은 정교한 투자전략이라기보다는 투자의 전체적 맥락을 이해하고, 투자의 개략적 방향을 정하는 초기 전략으로 활용하기 적합하다.

다음은 리스크 온 오프 상황별로 금융지표가 어떤 방향으로 변하는지를 살펴보자. 리스크 온 전략의 좋은 예로 2016년 트럼프 대통령 당선 직후 시장을 주도했던 소위 '트럼프 트레이드(Trump trade)'를 들 수 있다. 당시 예상과 달리 트럼프가 당선되자 신정부의 강력한 경기부양정책에 대한 기대감으로 시장은 급격히 리스크 온, 즉 위험선호 흐름으로 돌아섰다. 이때 달러화 가치는 경기부양에 따른 달러화 자산수요 급등, 인플레에 대응하기 위한 연준의 금리인상 기대 등으로 상승하였다. 미국채 금리는 경기부양정책이 인플레이션 압력 및 금리인상으로 이어질 것이라는 기대로 상승했으며, 주가는 신정부의 성장친화정책에 대한 기대가 선반영되고 글로벌 투자자금 유입이 지속되면서 역시 호조를 보였다. 회사채 스프레드 등 신용지표의 경우도 미 경기 및 기업활동 호조에 대한 기대감 등으로 축소되었다. 이처럼 경제 펀더멘털의 가시적인 변화가 없이도 정책 변화에 대한 기대감 등 시장심리가 리스크 온으로 쏠리면 달러강세, 금리 및 주가 상승, 회사채 스프레드 축소 등 거의 대부분 지표에서 전형적인 위험선호 흐름을 나타낸다. 반대로 리스크 오프의 경우는 정반대의 지표 흐름을 보인다. 투자자들은 이 같은 리스크 온 오프 위험선호 흐름 변화 하나만으로도 상당한 투자기회를 잡을 수 있다.

PART 02

투자의 흐름 변화 중
중요한 것들

- 1 -
채권, 주식 중
어느 쪽이 수익률에 유리할까?

채권과 주식 중에 어떤 상품이 수익을 내기 더 유리할까? 보통 시장 변동성을 잘 이용할 수만 있다면 주식이 채권보다 수익을 내기 더 쉽다고 생각할 수 있다. 그러나 반대로 보면 시장이 매우 효율적인 주식투자에 비해 덜 효율적인 채권투자가 수익을 내기 더 쉽다고 생각할 수도 있다. 실제 미국 뮤추얼펀드를 대상으로 조사한 S&P Global의 보고서(2017)에서는 채권펀드가 주식펀드에 비해 5년 이내 투자시계에서 수익 내기에 더 유리하다고 분석한 바 있다. 즉 시장의 비효율성을 이용한 액티브 투자에 있어 장외거래여서 덜 효율적인 채권이 장내거래여서 더 효율적인 주식보다 수익성 측면에서 더 유리할 수 있다는 이야기다.

이같이 수익성에 시장효율성의 개념이 필요한 이유는 시장변동성 자체가 단기수익의 원천이 될 수도 있지만 단기손실의 원천도 될 수 있어 결국 투자위험을 증가시키기 때문이다. 이런 수익/위험 개념을 고려하여 투자하는 자산운용기법 중에 헤지펀드가 자주 이용하는 '리스크 패리티 펀드(Risk Parity Fund: RPF)' 전략이 있어 잠시 소개해 본다. RPF는 일정한 목표위험수준 하에서 위험분산효과를 극대화하기 위해 각 자산별 위험기여도가 동일(parity)하도록 포트폴리오를 구성하는 펀드 또는 자산운용기법을 말한다. RPF는 대표적 헤지펀드 중 하나인 브리짓워터 어소시에이트의 레이 달리오(Ray Dalio)에 의해 1996년 최초 도입되었다. 포트폴리오 내 개별 자산의 위험기여도를 동일하게 구성하거나, 똑같지는 않더라도 자산별 위험기여도를 적극적으로 관리하여 전체 위험을 낮게 하는 한편 레버리지 등을 이용해 높은 수익을 추구하겠다는 운용기법이다.

RPF는 포트폴리오 위험 분산효과를 높이기 위해 상관관계가 낮은 자산(보통 주식과 채권)으로 구성하는 것이 일반적이다. 위험기여도를 동일하게 구성하는 과정에서 위험이 낮은 채권의 비중을 높인다. 시장에 RPF의 벤치마크 인덱스는 없으나 전통적 투자룰인 '주식:채권=60:40 포트폴리오'를 가상의 벤치마크로 하여 성과를 평가하는 것이 일반적 관행이다. RPF는 수익률이 낮은 채권을 포함함에 따른 수익률 하락을 커버하기 위해 파생상품을 이용한 레버리지를 적극적으로 활용한다. 이런 레버리지 때문에 시장 급변동 시 포지션을 조정해야 할 필요성이 커지게 되는 단점도 있다. 레버리지 없이 투자한다고 하더라도 각 자산별 위험기여도를 관리하는 과정에서 개별자산간 비중조정, 즉 리밸런싱이 불가피한 번거로움도 있다.

RPF는 자산 간 상관관계가 낮고 자산별 위험 전망이 용이한 경우 유리하나, 반대로 상관관계가 높고 자산별 위험 전망이 불확실한 경우에는 위험분산효과를 기대하기 어려워 성과가 부진해지기 쉽다. 특히 상대적으로 위험이 낮아 더 큰 비중으로 배분되고 낮은 수익률을 만회하기 위해 레버리지가 활발히 활용되는 채권부문의 가치가 급격히 하락(금리상승)하는 장(場)에서는 성과가 크게 부진해질 위험이 있다. 또한 잦은 포지션 조정거래의 필요성 때문에 시장유동성 위축 등으로 거래비용이 증가하는 상황에서도 불리하다. 자산 간 (+)상관관계(자산가치 동반하락)가 높아지고 변동성이 급등하는 시장불안기에는 포트폴리오 위험관리를 위한 RPF의 자산매도압력이 시장변동성을 증폭시키고 또다시 변동성 급등이 RPF의 성과를 더 악화시키는 악순환이 발생할 수도 있다. 최근 주식과 채권 간 상관관계가 높아지고 지표 변동성이 커짐에 따라 RPF의 성과가 부진해지고, 위험관리를 위한 RPF의 자산매도 압력이 증가한 것이 시장 변동성을 높이는 원인이라는 지적이 늘고 있다. 일각에서는 RPF의 높은 레버리지가 과거 LTCM 사태처럼 위기의 증폭제가 될 수도 있다는 견해도 나온다. 그러나 RPF가 주로 우량자산에 투자함으로써 위기 시 청산이 용이하고, 포트폴리오 위험이 분산되어 있어 위기를 겪더라도 손실 규모 및 손실 지속기간이 비교적 짧을[18] 것이라는 의견이 아직은 다수이다.

---

18 과거 시뮬레이션 분석(back test) 결과 RPF의 최대손실은 20%로 손실기간도 단기에 그쳤던 것으로 분석되었다(FT).

- 2 -
대체투자는 정확히 어떤 개념인가?

　금융위기 이후 오랜 기간 저금리 시대를 겪으면서 예전에는 익숙지 않았던 대체투자라는 말을 주변에서 많이 듣게 된다. 대체투자란 말 그대로 전통적인 투자와 다른 투자를 총칭하는 개념이다. 주식이나 채권, 외환(FX), 커머더티와 같은 전통적 투자상품의 카테고리에 들지 않는 상품들, 즉 부동산, 사모주식, 헤지펀드, 벤처캐피털, 인프라 등에 대한 투자행위를 모두 아우른다. 대체투자의 목적은 크게 두 가지이다. 첫째, 고수익 추구, 둘째, 투자 다변화 추구이다. 수익률이 높다는 건 그만큼 리스크도 크다는 의미인데, 대체투자의 리스크는 보통 수익 회수에 상당 기간이 소요되는 장기투자라는 점, 그러다 보니 유동화시키기가 힘들다는 점, 그리고 비전통적 자산이다 보니 수시로 시가 평가하기가 어려워 투자성과를 자주 확인하기 어렵다는 점, 세 가지가 대표적이다. 반면 주식이나 채권 같은 전통적 자산과는 상관관계가 매우 낮아 함께 투자할 때 위험분산효과가 크다는 장점이 있다. 즉 (전통+대체)투자로 포트폴리오를 구성할 때 전체 포트폴리오의 위험대비수익을 높이는 효과가 있다.

대체투자펀드는 중도에 자금회수가 허용되지 않는 폐쇄형 펀드(closed-end fund)인 사모주식이나 벤처캐피털 펀드의 경우 투자대상 기업의 경영개선 유도 등으로 기업가치를 높인 후 기업상장(IPO), 지분매각 등으로 이익을 실현하기까지 10년 가까이 소요되기도 한다. 비전통적 자산이다 보니 전통적 자산에 적용되는 다양한 규제를 피할 수 있어 그만큼 고수익의 기회가 많고 고위험의 비용이 따른다. 또한 고수익 추구의 특성상 운용수수료 외에 성과수수료가 추가로 부과되는데, 목표수익률(hurdle rate)을 충족할 경우 α%를 따로 지급하는 형식이다. 이처럼 수익률은 높지만 투자위험이 높고 유동성이 낮으며 투자비용 부담이 큰 특성상 대체투자의 주체는 연기금, 보험, 국부펀드 등 장기투자형 리얼머니 기관 투자자들이나 고액 개인 투자자들인 경우가 많다. 사모펀드나 벤처캐피털에 대해선 뒤에 다른 주제로 다시 다루기로 한다.

대체투자의 위험성 중 크게 주목하여야 할 포인트는 이미 언급한 대로 수시로 투자성과를 확인하기 어렵다는 점이다. 이 때문에 성과가 좋을 때는 별 상관이 없지만, 성과가 부진할 때는 어떤 판단을 내려야 할지 결정하기가 매우 어렵다. 만약 어떤 충격으로 인해 투자성과가 생각보다 크게 부진할 경우 성과를 확인할 수 없어 적절한 대응 시점을 놓치기 쉽고, 입게 될 손실이 예상을 뛰어넘을 수 있다. 만약 이런 손실 충격이 투자자 사이에 전이되기까지 한다면 경제 전체에 예기치 못한 위기가 올 수도 있다. 그래서 다음 위기는 사모투자(private investment)로부터 촉발할 것으로 예측하는 전문가[1]들도 꽤 있다. 이처럼 비록 대체투자에 직접 뛰어들지는 않는 투자자라 할지라도 다음 위기의 진원지 후보로까지 지적되는 사모투자, 대체투자 시장의 흐름 만큼은 늘 눈여겨볼 필요가 있다.

- 3 -
'수익극대화'로부터 '지속가능투자'로의
투자 패러다임 전환

최근 투자운용업계의 가장 큰 변화 중 하나만 꼽으라면 단연 'ESG 투자'일 것이다. ESG 투자는 앞서 '마코위츠는 아직 살아 있나?'에서 설명했던 투자의 유일한 목표, '수익률 극대화'에서 벗어나 '투자의 지속가능성 제고', 즉 '수익성도 중요하지만 얼마나 안정적으로 오랫동안 수익성을 확보할 수 있는가'에 중점을 두고 투자하자는 흐름으로 매우 혁신적인 발상의 전환이다. 투자대상의 재무적 요인만 고려했던 기존의 투자방식에서 벗어나 비재무적 요인, 즉 환경(Environment), 사회적 영향(Social), 지배구조(Governance) 등의 요인에 더 무게를 두고 투자하자는 흐름인데, 가히 투자 패러다임의 혁명이라 할 만하다.

ESG가 투자전략의 새로운 테마로 급부상한 건 최근, 특히 환경과 기업의 사회적 영향 등이 중요하다는 인식이 크게 높아진 팬데믹 이후라고도 볼 수 있지만, 투자전략의 한 분야로 ESG가 논의되기 시작한 건 사실상 오래전 일이다. 투자 결정에 있어 투자대상 기업과 관련된 비재무적 이슈가 터졌을 때 그 리스크가 어마어마하다는 사실을 투자자들이 깨달으면서 그 인식이 더욱 확대되었다. 예전엔 비재무적 요인에 의해 기업가치가 폭락하는 일이 드물었지만, 점점 더 그런 사례가 많아지고 일반화되면서 많은 기업, 많은 투자자가 비재무적 요인, 즉 ESG 이슈에 관심을 높여가게 된 것이다.

일각에선 러시아 우크라이나 전쟁 등으로 유가가 급등하면서 정유 관련 주를 배제했던 ESG 투자성과가 크게 저조했던 것을 두고 ESG 투자 무용론을 제기하기도 한다. ESG가 투자 수익성에 전혀 도움이 되지 않으므로 다시 전통적 투자방식을 중시해야 한다는 논리이다. 그러나 이는 ESG를 제대로 이해하지 못한 주장이다. ESG 투자는 기본적으로 수익성보다는 지속가능성에 중심을 두는 투자이다. '사회책임투자'(Socially Responsible Investing)와 개념이 혼용되어 사용되기도 한다. 따라서 기본적으로 단기적 투자성과와는 뚜렷한 관계가 없다. 오로지 성과의 지속가능성을 확보할 수 있는지가 초점이다. 단기적 성과가 안 좋다고 해서 다시 ESG를 제쳐두자고 하는 건 처음부터 ESG 투자로 개념 전환이 왜 그리고 어떻게 이루어졌는지를 제대로 이해하지 못한 데서 오는 오류적 발상이다.

ESG는 각 요소가 비재무적 요소라는 공통점이 있다. 즉 언뜻 보면 수익성과는 상관이 없는 요소들이라 예전 같았으면 거의 신경 쓰지 않았을 이슈들을 다룬다. 그렇다면 이 같은 비재무적 요소들이 왜 이제 와서 우선 고려해야 할 중요 요소로 부각된 것일까? 먼저 과거에 비해 시장의 불확실성이 커지고 불확실성의 요인 또한 다양해진 점을 들 수 있다. 예전에는 기업의 재무분석만 제대로 하면 어느 정도 수익성 분석 또는 예측을 할 수 있었다. 그러나 이제는 아무리 재무분석을 잘해도 다른 비재무적 요인, 즉 환경 관련 규제 강화, 고용 불안, 기업지배구조의 취약성 등 요인들이 불안해지면 수익성은커녕 기업의 존립 기반 자체를 하루아침에 무너뜨릴 만큼 위험이 커졌다. 환경이 주가에 미치는 영향의 대표적인 예로 2015년 폭스바겐의 탄소가스 배출조작 스캔들을 많이 거론한다. 당시 스캔들로 인해 폭스바겐 주가가 며칠 사이 30% 이상 폭락했었는데, 이와 유사한 사례들이 점점 그 건수와 범위를 넓혀가고 있다.

둘째는 ESG와 투자 수익성 간 양(+)의 상관관계에 대한 믿음이 강해지고 있다는 점이다. 아직은 뚜렷한 상관관계가 확인되지 않았으나, ESG 요소가 개선되는 기업일수록 수익성 개선효과가 있다는 주장에 점점 힘이 실리고 있다. 특히 ESG 전략이 다양해지고 포괄범위가 확대되기 시작한 2014년 이후에 양자 간 상관성이 더 높아지는 경향을 나타내고 있는데, 과거에는 무기, 담배 등 사회적 해악 산업을 제외시키는 단순 배제전략(negative screening)이 주를 이루었던 반면, 이제는 ESG 평가가 좋은 기업에 더 많이 투자하거나(inclusion) 재무요인과 비재무요인을 결합(integration)하여 투자하는 등의 방식으로 ESG 투자전략이 계속 다양해지고 있는 것도 상관성을 높이는 이유 중 하나이다.

셋째는 사회책임투자에 대한 사회적 인식이 강해지고, 공공이익을 늘리는 방향으로의 기업활동과 투자행위가 점점 더 활발해지고 있다는 점이다. 과거에는 일부 공적연금이나 국부펀드 등이 공공투자기관으로서 사회적 의무를 다한다는 의미로 책임투자가 소극적으로 이루어졌으나 이제는 공적 기관은 물론 민간투자기관, 기업 등 거의 모든 경제주체들이 사회책임의식을 강조하고 있다. 이는 사회 전반에 불확실성이 심해지면서 서로 긴밀히 연계된 경제주체들이 언제 어떤 변수에 의해 자신이 영향받게 될지 모른다는 깨달음이 강해진 데도 원인이 있다.

이제 ESG 흐름을 단순히 환경, 사회, 지배구조라는 세 가지 요소를 중시하자는 전략적 테마로 이해하는 것은 너무 좁은 해석이다. 필자의 경우 2019년 파리에서 열린 모 자산운용사의 일주일에 걸친 ESG 컨퍼런스에 참가하고 나서야 자산운용의 패러다임이 일대 전환기를 맞고 있다는 걸 깨달을 수 있었다. ESG는 단순히 새로운 개념의 투자전략이 아니었다. 필자가 느끼기에는 그동안의 투자행위가 기관, 개인할 것 없이 투자자 입장에서만 본 일방적인 의사결정이었다면, ESG는 투자자 입장뿐 아니라 이들이 투자하는 투자대상(기업 등)이 다시 투자자에게 미칠 피드백까지 고려하여 투자하는 쌍방적인 의사결정으로 몇 단계 업그레이드된 변화였다. 쉽게 얘기하면, 예전에는 기관 혼자, 개인 혼자서만 잘 판단하고 결정하면 성과가 좋았지만, 이제는 이들의 투자행위가 사회에 좋은 영향을 미쳐야만 그 좋은 영향이 투자자에게 돌아와 좋고 안정적인 성과를 거둘 확률이 높아진 시대가 온 것이다. 사회 전체적으로 (−)가 되는 영향을 미치거나 기업의 지배구조

자체가 불투명한 경우에는 그 회사의 단기적 성과가 아무리 좋아도 지속가능한 수익으로는 연결할 수 없음을 이제는 기업도, 투자자도, 심지어는 투자와 관계없는 일반 대중도 모두 인식하는 그런 시대가 온 것이다.

ESG 투자방식 중에 어떤 투자행위가 초래하는 결과(impact)를 중시하여 '좋은 목적으로 투자'하는 것을 하나의 원칙으로 정하여 투자하는 전략을 '임팩트 투자(impact investing)'라 한다. 이미 2000년대 초반부터 시작된 전략으로 새로운 건 아니지만 최근 그 시장 규모가 눈에 띄게 커지고 있다. 환경보호와 같은 공익사업에 소요되는 자금을 마련하기 위해 발행하는 그린본드(Green bond)에 투자하는 것도 일종의 임팩트 투자라고 볼 수 있다. 임팩트 투자를 정의하기는 사실상 어렵다. 단순히 사회적 폐해의 소지가 있는 분야에 투자하지 않는다는 소극적 정의에서부터 수익률은 포기하더라도 공익에 도움이 되는 분야에만 투자하겠다는 적극적 의미에 이르기까지 스펙트럼이 아주 다양하다. 과거에는 사회에 나쁜 영향을 주는 분야를 골라 투자를 제한하는 소극적 개념의 임팩트 투자였지만, 최근에는 '좋은 목적으로 투자하는 것이 오히려 수익률 면에서도 유리하다'라는 적극적 개념의 투자로 발전하고 있다. 단기적으로는 수익률이 낮을 수 있지만 장기적으로는 사회적 편익과 함께 수익률 제고효과도 기대할 수 있다는 논리가 힘을 얻고 있다.

- 4 -
ESG 투자는
주식이 좋은가, 채권이 좋은가?

ESG 점수가 높은 기업이 발행한 주식이나 채권, 대체자산 중에서 가장 선호도가 높은 투자대상은 어떤 상품일까? 지금까지 ESG 시장 내 비중을 보면 주식(51%) 〉 채권(36%) 〉 대체(13%) 순(GSIA 집계, 2018년 기준)으로 ESG 주식에 대한 선호도가 가장 높은 것을 알 수 있다. 다만 최근에는 ESG 시장 내에서 주식비중이 줄고 채권 및 대체자산 비중이 늘어나는 방향으로 투자대상이 다변화되는 모습을 보이고 있다.

그렇다면, 주식이 ESG 투자상품으로 가장 크게 주목받는 이유는 무엇일까? 우선 주식은 기업별로 1개만 존재하는 반면 채권은 복수여서 기업의 ESG 특성을 판단하는 데 주식이 훨씬 유리(단순 명확)하기 때문이다. 실제 가장 범용적인 글로벌 인덱스인 MSCI World 인덱스를 보면 주식 인덱스는 종목 개수가 1,600개인 반면 채권 인덱스는 23,000개에 달하는 것을 알 수 있다. 다음으로 투자자 입장에서 기업의 ESG 개선을 유도하는 데 있어 채권이나 대체자산에 비해 주식이 더 유리하다. 즉, 주식은 의결권 행사 등을 통한 투자자의 개입 경로가 가장 확실하다. 다만 최근에는 채권도 기관 투자자와 CEO 간 정례 협의 등을 통해 기업 활동에 의견을 개진하는 경로가 더욱 활발해지는 추세여서 커뮤니케이션상 주식의 상대적 메리트가 약해지고 있긴 하다. 마지막으로 ESG 상품의 역사적 시장형성과정을 볼 때 주식펀드가 유럽을 중심으로 가장 먼저 큰 규모로 형성되어 시장규모가 크다는 점을 들 수 있다.

다음으로 살펴보아야 할 점은, ESG 요소가 이들 투자대상물의 수익·위험 구조에 미치는 영향력이 어떻게 다른가 하는 것이다. 우선 수익성 측면에서는 ESG 주식과 ESG 채권이 확연히 다른데, ESG 요소가 수익성을 높이는 (+) 영향이 있을 경우 주식은 가격상승에 거의 제한이 없는 반면 채권은 제한이 명확(만기시 원금)해 주식이 더 유리할 수 있다. 반면, 투자의 하방위험 측면에서는 확정 원금 등 상대적으로 안전한 채권이 더 유리하다. 최근 ESG가 하방위험을 제한하는 효과(신용 리스크 축소)가 있다는 연구가 많아진 것도 ESG 채권 수요를 늘리는 요인이 되고 있다. ESG가 양호할수록 신용 리스크가 줄어드는 건 사실상 3대 신용평가사가 모두 ESG, 특히 기업지배구조(Governance)를 주요 평가항목으로 고려하고 있다는 사실을 고려하면 어찌 보면 당연한 결과라 할 수 있다. 신용등급과 ESG 점수를 동시에 볼 경우 중복의 문제도 있으나, 최근에는 신용등급 평가에 포함되는 일부 ESG 요소보다 더 폭넓고 전면적으로 ESG 요소를 고려할 필요가 있다는 주장이 힘을 얻고 있다.

한편, ESG 투자에 있어 반드시 고려하여야 할 사항이 있는데, 그건 바로 투자대상의 밸류에이션이 적정한지에 대한 평가이다. 최근 ESG 시장이 급성장하면서 ESG 투자수요는 급증한 반면, ESG 상품공급은 제한적이다 보니 ESG 상품가격이 크게 오르는 정도가 심해졌다. 다시 말해 ESG 점수가 높을수록 과대평가되는 문제에 봉착한 것이다. 상품 특성상 주식은 비싸게 매입하더라도 가격상승여력이 충분하나 채권은 상승여력이 크지 않다. 따라서 다소 고평가되긴 했어도 양호한 ESG 특성이 수익성을 높이는 효과가 계속될 것이라는 믿음이 크다면 ESG 채권보다 ESG 주식이 유리할 수 있고, 이 같은 믿음이 적다면 상승여력은 크지 않으나 하방안전성이 큰 ESG 채권이 더 유리할 수 있다.

- 5 -
ESG가 양호하면
과연 투자수익도 좋을까?

　ESG가 갑자기 부각된 것처럼 한편에선 기업활동 또는 투자에 있어 비전통적 요소, 즉 ESG를 중시하는 최근 흐름을 비판하는 목소리 또한 적지 않다. 기업이 본연의 목표, 즉 이윤극대화 및 '주주이익 극대화'에 충실하지 않고, 2차 목표라 할 수 있는 '이해관계자 이익 극대화'에 충실한 것을 두고 기업이 자본주의 경영이라는 본래의 존재의의를 포기하는 것이라고 비난하기도 한다. 이해관계자는 주주보다 훨씬 더 넓은 개념으로 채권자, 근로자, 주요 거래처, 나아가 사회 전체까지 포함한다. ESG는 이해관계자 그룹을 아주 넓게 해석한 것으로 볼 수 있다. 이렇게 넓은 범위의 요소까지 다 고려하다 보면 기업에 가장 중요한 주주의 권익은 자칫 뒷전으로 밀려날 수 있으므로 옳지 않다는 주장인데, 절대 틀린 주장은 아니다.

　ESG 가운데 S, 즉 사회문제에 적극적으로 개입하는 기업활동을 지칭하여 '깨어 있는 자본주의(woke capitalism)'라 비유하며 기업이 본래의 정체성에서 벗어나 있음을 비판하는 주장도 있다. 이들은 직원들의 낙태 수술비를 지원하는 사내 방침을 세운 애플·아마존, 동성애 교육에 찬성한다고 공언한 디즈니 등 거대기업들의 사회이슈 개입이 지나치며, 이 같은 사회이슈 참여는 기업경영의 정치적, 법적 리스크를 증대시켜 불확실성을 가중시킬 뿐 '지속가능이익' 창출과는 거리가 멀다고 주장한다. 주로 보수적 기업들이 이런 부류에 속한다. 실제로 시장에서 이들 보수적 기업주식으로만 구성한 ETF가 활발히 거래되는 걸 보면 이 같은 주장에 동의하는 투자자들이 상당히 많음을 알 수 있다. 블랙록 등 ESG의 초기 주창자들조차 최근 ESG 투자가 투자수익성을 충족하지 못하고 있음을 고백하며 비판적인 목소리를 많이 내는 것도 같은 맥락으로 이해할 수 있다.

결론적으로 ESG 요인을 고려한 투자가 투자수익성 및 위험에 미치는 영향에 대해서는 분석을 위한 시계열 미흡 등으로 아직 일반적이고 명확한 해석이 정립되지 않았다. 기업의 사회적 책임성과 주식조달비용 간 (-)상관관계 등 ESG와 투자수익성 간 관계 중 일부를 설명하는 이론은 있으나 일반적 관계에 대한 분석과 이를 입증할 만한 증거는 아직 부족하다. 예를 들어, Barnett and Salomon(2012)은 기업의 재무적 수익성과 사회적 책임성 간에는 선형관계보다는 비선형(U-shape) 관계가 있다고 주장한다. 다만 ESG 팩터가 개별 기업의 성과에 미치는 영향이 크게 부각된 2014년 이후만을 대상으로 보면 ESG와 수익성 간 (+)상관관계가 과거에 비해 높아진 점은 확인할 수 있다.

한편, 시장의 성숙도(maturity) 차이 등으로 지역별로 ESG와 수익성 간 관계가 다르다는 점에는 어느 정도 공감대가 형성되어 있다. 글로벌 자산운용사 아문디(Amundi)의 리서치에 따르면 미국, 유럽 모두 2010~2013년에 비해 2014년 이후 ESG 점수와 수익률 간 (+)상관관계가 높아진 것으로 나타났다. 한 가지 특이한 점은 ESG 시장성숙도가 낮아 ESG 요인의 수익창출이 상대적으로 유리한 미국이 유럽에 비해 상관성 패턴이 더 뚜렷하게 나타났다는 점이다. 지역별로 ESG 요인에 따른 성과기여도를 보면, 미국의 경우 S(사회책임)나 G(지배구조)보다 E(친환경) 요인의 알파 기여도가 큰 것으로 나타났다. 이는 미국 기업들이 지배구조나 사회책임 측면에서는 성숙도가 높지만 친환경(E) 측면에서는 성숙도가 낮아 상대적으로 알파창출의 기회가 많다는 사실을 방증한다.

또한 ESG 요인이 투자 리스크에는 어떤 영향을 미치는지 그 인과관계를 살펴본 결과, 투자 리스크(최대손실률: Maximum Drawdown)와 ESG 간 상관성이 뚜렷하지는 않으나 대체로 2014년 이후 ESG 요인이 리스크를 줄이는 방향으로 상관성이 강화되고 있는 것으로 나타났다. ESG 요소별로는 미국은 E 팩터, 유럽은 G 팩터에서 최대손실률과 상관성이 높아지는 것으로 나타났다.

결론적으로 아직은 ESG 요소 자체가 투자성과에 미치는 영향 분석이 뚜렷하지 않고, 상대적으로 ESG 점수가 양호한 IT업종이 급격히 성장한 데 따른 착시효과 등 ESG 외적 요인이 투자성과에 미치는 영향이 큰 상황이다. 또한 ESG 평가기관이 난립하고 기관 간 평가의 일관성 및 신뢰성이 부족해 투자의 기준으로 삼기 어려운 점도 난관이다. 현실적으로 E · S · G 각 요소를 동시에 충족하기 어렵고 각 요소 간 상충되는 경우가 많은 점도 문제점이다. ESG 요소와 투자수익성, 투자 리스크 간 상관성에 대해서는 앞으로도 지속적인 관심과 면밀한 검증이 필요해 보인다.

- 6 -
그린본드,
지속가능채권 시장의 급성장

  최근 유럽을 중심으로 그린국채 발행이 성황이다. 유럽은 다른 지역에 비해 워낙 일찍부터 기후변화, 친환경 이슈를 중요하게 다루어 왔기 때문에 ESG에 대한 사회적 인식이 두텁고 그린 프로젝트가 다방면에 걸쳐 추진되고 있는 것이 그 배경이다. 2021년 9월 영국의 그린국채 발행(100억 파운드)을 필두로 EU의 그린국채 발행(120억 유로) 등 전 세계적으로 약 20개국이 그린국채 발행에 뛰어들고 있다. 독일의 경우는 아예 다양한 만기별로 그린국채를 발행하여 그린국채 수익률로 이루어진 그린커브(green curve)를 만들겠다고 할 정도이다.

  그린본드란 '채권으로 조달한 자금을 친환경 프로젝트에만 사용하겠다는 발행자의 약속을 조건부로 발행하는 채권'이다. 그린국채는 일반채권이 아닌 국채라는 점만 다르다. 그렇다면, 각국 정부는 왜 앞다투어 그린국채를 발행하려는 것일까? 그냥 일반국채를 발행하고 그 조달자금을 그린 프로젝트에 사용하면 되지 않을까? 굳이 그린 프로젝트에 투자함을 전제로 그린국채를 별도로 발행하는 이유는 무엇일까?

그건 우선 그린국채 발행이 일반국채에 비해 조달비용이 낮기(즉, 낮은 발행금리) 때문이다. 일반적으로 그린본드는 투자수요가 많아 일종의 발행 프리미엄이 붙는데 이 때문에 채권가격이 상대적으로 비싸다. 예를 들어 10년 만기 독일국채의 경우 일반국채와 그린국채의 금리차이(yield gap)가 5bp 정도로, 그린국채가 5bp 정도 더 비싸다. 또하나의 큰 이유는 정부 입장에서 그린국채 발행을 정치적으로 활용할 수 있는 명분이 있기 때문이다. 탄소중립, 친환경 압력이 점점 거세어지는 시대 조류에 맞게 그린 프로젝트에 투자할 정치적 명분과 자금조달의 경제적 명분 모두를 그린본드가 갖추고 있다.

이 같은 두 가지 이유는 그린국채를 발행하는 주체인 정부, 즉 발행자 측면에서 유리한 점들이다. 그렇다면 투자자 측면은 어떨까? 우선은 아직 그린채권 시장이 초기 단계이기 때문에 유동성이 낮다는 점을 유념해야 한다. 그나마 그린국채는 발행 규모가 커서 유동성 리스크를 걱정할 정도는 아니지만, 그래도 일반 국채보다는 유동성이 떨어진다. 다음은 정치적 리스크이다. 그린국채는 일반국채와 달리 조달자금이 이용되는 프로젝트를 그린사업으로 특정해 놓았기 때문에 어떤 정치적 이유로 해당 사업이 좌초되거나 수익성이 현저히 떨어질 경우의 리스크를 감안하지 않을 수 없다[2]. 국가가 발행한 채권이니만큼 디폴트 위험은 거의 없다고 볼 수도 있겠지만, 이런 상황이 되면 국채가격이 부정적으로 영향받을 가능성은 충분히 있다. 다만 앞으로 친환경 트렌드가 강화될수록 그린국채시장이 지속적으로 성장할 가능성이 큰 만큼, 이 같은 리스크를 보완할 제도적 장치가 마련될 것으로 보인

다. 따라서 지속적인 투자수요 유입 및 발행 프리미엄 상승 등을 감안
할 때 장기적으로는 그린국채시장에 긍정적인 요소가 많을 것으로 예
상된다.

그린본드보다 더 넓은 개념으로 지속가능채권(sustainability-linked
bond)이 있다. 지속가능채권이란 친환경, 사회적 이익 등 기업활동의
지속가능성에 긍정적 영향을 주는 어떤 기준을 충족하는 조건으로 발
행되는 채권을 말한다. 매우 광범위한 개념으로 친환경 조건인 경우
그린본드, 고용 등 사회적 이익 증대가 조건인 경우 소셜본드(social
bond)로 구분된다. 2019년 최초 발행되기 시작하더니 2020년부터 발
행이 빠른 속도로 늘어나 현재 전 세계 2조 달러 규모의 시장으로 급
성장했다. 일각에서는 향후 5년 이내에 10조 달러 규모의 시장으로 성
장할 것으로 전망한다.

지속가능채권은 그린본드를 포괄하는 개념이지만 전반적으로 그린
본드에 비해 발행조건이 덜 까다롭다는 장점이 있다. 채권발행 후 만
기도래 전까지 채권조달자금이 그린프로젝트에 어떻게 이용되는지를
검증하는 프로세스를 의무화하는 그린본드와는 달리 엄격한 의무요건
이 없다. 다만 조달한 자금을 지속가능성 목적(사회적 이익 등)에 쓰겠
다는 발행 당시의 약속이 잘 지켜졌나 확인하는 절차만 있을 뿐이다.
즉 원래 목적대로 자금이 쓰이는지를 검증하는 절차가 훨씬 느슨하고,
위반 시 페널티(보통 가산금리)도 크지 않아 발행자 입장에서 훨씬 여유
가 있다. 게다가 그와 같은 검증을 채권의 만기가 거의 다 된 시점에

하는 경우가 많아 페널티를 받더라도 실제 불이익은 그리 크지 않은 경우가 많다[19].

　이처럼 실질적 페널티는 크지 않으면서 일반 채권에 비해 좋은 조건(낮은 발행금리)으로 발행하여 자금조달비용을 절감할 수 있어 앞으로도 지속가능채권 발행은 계속 늘어날 것으로 보인다. 투자자 입장에서도 포트폴리오의 지속가능성을 높이고, 특히 공적 기관이라면 공적자금 투자의 공공이익 기여의 명분도 늘리는 한편, 계속되는 수요 때문에 수익성 제고 효과까지 기대할 수 있어 매력적이다. 다만 그린본드와 마찬가지로 지속가능채권 시장이 과열될 경우 고평가될 위험이 있으므로 밸류에이션의 적정성 문제는 반드시 짚어봐야 한다. 장기적인 지속가능성에만 초점을 두어 수익성이 덜 검증된 채권인 경우에는 하락장에서 헤지펀드 등의 집중매도 타겟이 될 수 있음에도 유의할 필요가 있다.[3] 또한 지속가능채권으로 분류되는 대부분의 ESG 채권은 특성상 연구개발비 부담이 크기 때문에 비용/편익 분석 차원에서 지속적인 수익 창출이 가능한 프로젝트에 투자하는 채권인지 여부를 살펴보는 것도 중요하다. 아울러 ESG가 기술 성장 섹터와 연계성이 높은 만큼 시장의 기술주 섹터 전망이 어떤지 세밀히 살피면서 투자할 필요성도 크다.

19　예를 들어 2021년 2월 발행된 인도의 UltraTech Cement의 4억 달러 지속가능채권의 경우 발행 당시 약속(탄소 저감)을 지키지 못할 경우 페널티로 가산금리 0.75%p를 지급하게끔 조건이 부여되어 있었지만, 점검 시점을 만기 도래 6개월 전 시점으로 정해놓아 불이익 규모가 거의 무시해도 좋을 수준이었다.

- 7 -
거시경제 여건의 가장 큰 변수,
주요국 통화정책 기조 변화

국제금융시장의 흐름을 좌지우지하는 가장 큰 변수 하나만 꼽으라고 할 때 '중앙은행의 통화정책기조 변화'라는 답이 상당히 많을 것 같다. 정부 재정정책의 영향력 역시 주요 변수지만 전 세계적으로 재정여력이 크지 않은 가운데 선별적으로 집행하는 재정정책에 비해 경제전 부문에 걸쳐 무차별적으로 영향을 미치는 통화정책의 파급력은 훨씬 크다. 더구나 금융위기, 팬데믹을 거치면서 시중에 풀린 엄청난 유동성의 진원지로서 중앙은행들의 통화정책 변화가 시장에 미치는 영향은 실로 막대해졌다.

중앙은행들의 정책 파급력이 모든 나라가 다 같을 수는 없다. 어느 나라든 그 나라 중앙은행의 정책이 가장 중요하겠지만, 전 세계에 걸쳐 영향을 미치는 미국 연준의 정책 변화로부터 자유롭긴 어렵다. 따라서 국제금융시장에서 가장 주목받는 플레이어는 연준이고, 각국 중앙은행들도 연준의 정책 움직임에 상당한 영향을 받게 된다. 그런데도 나라별 경제상황과 특성에 따라 중앙은행들의 대응은 다를 수밖에 없는데, 팬데믹 이후 인플레이션 대응을 예로 들어 크게 3가지 유형으로 분류한 리서치가 있어 소개한다.[20]

첫째, 다이내믹한 경제를 가진 선진국 유형이다. 미국, 캐나다 등이 이에 속한다. 경제 전체의 생산성이 높고 고용시장이 유연하며, 규제가 적고 신축적이어서 기업활동이 자유로운 국가들이다. 이들은 중앙은행의 인플레이션 대응능력에 대한 신뢰가 강해 시장이 쉽사리 동요하지 않으며, 기업들도 높은 생산성, 유연한 고용시장 및 규제환경 등으로 영업마진을 유지할 능력이 있어 웬만한 인플레이션 압력에도 중앙은행이 쉽게 기조를 바꾸지 않는다. 물론 기조적인 인플레이션이라면 긴축 전환이 당연하겠지만 이 경우에도 매우 신중하게 긴축을 검토할 개연성이 높다. 실제 팬데믹 직후 CPI 급등, 공급충격 등으로 스태그플레이션 우려까지 부각되는 상황에서도 '단기적인 인플레이션'이라는 진단을 포기하지 않고 느긋하게 정책 정상화를 추진했던 연준의 초기 스탠스도 이런 맥락에서 보면 쉽게 이해된다.

둘째, 다이내믹한 경제를 가졌지만 중앙은행의 인플레이션 방어력에 대한 신뢰가 낮은 신흥국들이다. 대부분 신흥국이 이에 속하는데, 경제 역동성은 크나, 생산성이 낮고 고용시장이 경직되어 있으며 규제가 많아 기업활동에 제약이 크기 때문에 인플레이션에 취약하다. 또한

---

20   Morgan Stanley Investment Management, "Global central banks are split on how to handle inflation"('21.10.18)

중앙은행의 인플레이션 통제능력에 대한 시장의 신뢰가 약하고, 자본 유출 등 대외변수에 민감하여 인플레이션 압력이 발생할 경우 중앙은행이 여유를 가지고 대응하기 어렵다. 팬데믹 회복 초기 연준의 '일시적 인플레이션' 진단에도 불구하고 많은 신흥국 중앙은행들이 앞다투어 금리를 올렸던 이유도 이 같은 배경에 기인한다.

셋째, 다이내믹하지 않은 경제를 가진 선진국들이다. 대부분 유럽 국들이 이 부류에 속한다. 경제의 역동성이 떨어지고, 고용시장 및 규제가 유연하지 않아 인플레이션 대응능력이 약한 편이다. 다만, 과거 심각한 인플레이션의 폐해를 겪었던 트라우마가 있어 중앙은행의 대응능력을 꾸준히 키워 왔기 때문에 중앙은행의 인플레이션 대응능력에 대한 시장의 신뢰는 높다. 이 경우 중앙은행의 인플레이션 대응은 다이내믹한 선진국보다는 적극적이지만 신흥국보다는 더 신중한, 중간쯤의 영역에 속한다. 중앙은행들이 인플레이션 대응에 자신은 있지만, 다소 경직적인 경제구조 때문에 받을 충격을 감안하여 인플레이션을 감지하고도 신중하게 대응하는 편이다. 너무 이른 긴축으로 경기침체를 겪었던 2012년 유로존 위기 이후에 통화긴축에 대해 더 신중히, 상당히 유보적인 스탠스를 취해 온 유럽이 좋은 예이다.

이처럼 경제상황, 고용 및 규제환경, 중앙은행의 정책능력 및 시장 신뢰 등 여러 요인에 따라 국가별 중앙은행의 정책대응이 다 다를 수 있다는 점을 이해해야만 국제금융시장의 가장 큰 변수인 각국 통화정책 변화의 기류를 잘 읽을 수 있다. 그래야만 글로벌 포트폴리오 구성에 국가별 비중을 어떻게 가져가야 할지 판단할 힘이 생긴다.

- 8 -
전통 경제지표와 빅데이터,
경제는 어떻게 진단하여야 할까?

　투자에 있어 경제를 진단하는 일은 무엇보다 중요하다. 개별 기업
이나 종목의 펀더멘털이 가장 중요하겠지만 결국은 전체적인 경제와
시장의 흐름에 크게 영향받기 때문에 이를 적시에, 가능하면 선제적으
로 그것도 정확하게 진단하는 일이야말로 투자의 성패를 가른다. 전통
적으로 경제 진단은 GDP나 물가, 고용 등 다양한 경제지표의 움직임
을 보고 판단한다. 주로 정부나 중앙은행, 연구기관 등에서 전망하고
집계하는데 신뢰할 만하지만 어느 정도 시차가 있어 자칫 잘못하면 판
단의 오류를 범할 수 있다.

　그런데 팬데믹 이후 큰 변화가 생겼다. 경제진단방식이 전통적인
지표 확인을 넘어 거의 실시간 모니터링 방식으로 바뀐 것이다[21]. 팬데
믹이 경제에 미치는 영향을 신속하게 살피기 위해선 더 이상 오랜 시

21　Economist誌('21.10.23~29)는 이를 'Instant Economy'로 명명하고 향후 기술발전과 더
불어 실시간 경제진단방식이 주류를 이루어갈 것으로 전망했다.

차가 걸리는 전통적 지표 진단방식에만 매달릴 순 없게 되었고, 온라인 결제, 모바일 거래 등 빅데이터를 활용한 빠른 진단방식의 도입이 절실해진 것이다. 마침 세계적 조류가 된 4차 산업혁명의 기술발전이 맞물려 앞으로 빅데이터를 활용한 경제분석이 더욱 크게 발전할 것으로 전망된다. 아울러 중앙은행이 발행하는 디지털화폐(CBDC) 시장이 정착될 경우 실시간 경제동향 분석기법이 비약적으로 발전할 것으로 보인다. 즉 더 이상 1개월, 분기, 늦게는 1년 전의 경제지표를 가지고 현재의 경제를 진단하지는 않아도 된다는 이야기다.

그러나 실시간 데이터는 진단오류를 방지하는 순효과도 있지만 진단오류를 발생시키는 역효과도 동시에 가진다. 예를 들어 카카오 택시 이용실적이 급감하였다고 해서 경기가 갑자기 나빠졌다고 판단할 순 없는 것이다. 경기의 문제가 아니라 카카오 택시가 시장점유율을 잃을 수밖에 없는 무언가 다른 이유가 있을 수도 있으므로 지표 판단에 신중을 기해야 한다. 투자자로서는 일단 이용 가능한 데이터의 범위와 속보성이 크게 개선된다는 점에서는 긍정적이나, 실시간 데이터가 가져올 수 있는 이 같은 오류 가능성에 주의를 기울일 필요성은 더욱 커졌다. 빅데이터를 이용한 실시간 분석 진단에만 집중하다가 자칫 경제 상황이나 시장을 오판하는 실수를 범하지는 말아야 한다.

- 9 -
예전보다 훨씬 포괄범위가 넓어진
성장주 투자개념

주식투자 업계의 영원한 논란 중 하나는 '성장주'와 '가치주' 가운데 어느 편의 수익률이 더 높을까? 하는 질문일 것이다. '정답은 없고 그때그때 경기사이클이나 기업 상황에 따라 다르다'가 결론일 만큼 어려운 주제인데, 최근 4차 산업혁명의 주도 세력인 기술주가 폭발적인 성장을 이룬 후에는 '성장주' 편향에 좀 더 힘이 실리는 것 같다. 언제든 버블이 꺼지면 다시 저평가된 '가치주' 열풍이 불어올지도 모르지만 최근의 흐름은 단순히 사이클상 반복되는 '성장주' vs '가치주' 논쟁에서 벗어난 약간은 구조적인 변화로 해석해야 하지 않나 하는 생각이 든다.

그 이유는 한마디로 기업의 '내재가치'를 판단하기가 갈수록 어려워지기 때문이다. 보통 성장주와 가치주는 현재 '주가'와 기업의 '내재가치'를 비교하여 내재가치보다 주가가 저평가되어 있을 경우 '가치주', 내재가치에 비해 주가가 낮지 않으나 성장성이 기대되는 경우 '성장주'로 분류한다. 이때 내재가치는 해당 기업의 재무분석 등 펀더멘털 분석을 통해 이루어지는데, 최근처럼 4차 산업혁명으로 기업의 내재가치를 측정하기 어려운 경우에는 이런 분류 자체가 애매해진다. 물론 지금까지도 일부 선도기업의 기술혁신은 늘 있었다. 하지만 코로나19를 겪으면서 비대면 기술혁명이 더욱 가속화되고 있는 최근의 상황은 이야기가 다르다. IT 발전에 있어서 보다 전면적이고 혁명적인 변화의 시기라고 보아야 한다. 따라서 그동안 일부 기업에 국한되었던 성장주 분류를 이제는 기술주 섹터 전반으로 확대 적용할 필요성이 높아졌으며 이에 따라 성장주 투자개념도 갈수록 그 적용 범위가 확대될 것으로 예상된다.

또 한 가지 특징적 변화는 소위, '긱 이코노미(gig economy)'로 통칭되는 플랫폼 경제로의 전환이다. 근무시간에 매여서 일하는 고용이 아니라, 자신이 일하고 싶은 시간을 선택해서(비정규직일지라도) 자유롭게 일하는 것을 선호하는 경제. 다양한 플랫폼을 통해서 구직자와 구인기업이 만나는 고용행태가 점점 더 일반화되면서 이제는 엄청난 기술혁신이 없더라도 수요층을 자극할 수 있는 작은 아이디어 하나만 있다면 얼마든 성장할 수 있는 기업 여건이 만들어지고 있다. 이런 긱 이코노미 하에서는 대단한 기술력, 자본력 없이도 번뜩이는 아이디어와 이를 구현할 약간의 기술, 약간의 자본만 있으면 언제든 다양하고 혁신적인 스타트업 기업이 될 수 있으며, 언제든 성장주 그룹에 편입될 수 있다. 이런 경제 패러다임의 전환이 빠르게 우리 사회를 바꾸어가고 있다.

개인적으로 필립 피셔의 『위대한 기업에 투자하라(Common Stocks

and Uncommon Profits)』(1958)라는 책을 읽고 커다란 충격을 받은 적이 있다. 이미 1950년대에 '성장주'라는 개념을 처음 소개한 책으로 투자서의 고전 중 고전이라 할 만한데, 지금 우리가 목격하고 있는 시장과 너무나 잘 맞는 해석에 놀라움을 금치 못했다. '이 책을 왜 이리 늦게 읽었을까?', '조금만 더 일찍 읽고 깨달았더라면….' 하는 후회가 밀려올 만큼 주식투자에 대한 통찰력이 빛났다. 결론은 성장주는 일반 재무분석으로는 평가하기 어려운 내재가치가 잠재되어 있어 가치가 있다고 판단되는 성장주를 골라 장기투자 한다면 상상을 초월할 만큼의 수익을 올릴 수 있다는 것이다. 물론 판단이 성공할 확률이 높진 않기 때문에 포트폴리오의 2/3 정도는 시가비중이 높은 우량주에 투자하여 시장 베타를 따라가고 나머지 1/3 정도만 유망 성장주에 골라 투자하라는 것이다. 이때 1/3 중 몇 개 성장주만 성공하더라도 그 폭발적인 수익률에 의해 포트폴리오 전체 수익률을 크게 끌어올릴 수 있다는 주장이다. 최근 IT 기술성장주에 의해 주도된 주식시장 흐름과 너무도 잘 부합하는 이론이 아닌가! 성장주라는 개념도 없던 시절에 이처럼 놀라운 통찰력을 보였다는 건, 그저 놀라울 따름이다.

- 10 -
공모 대비 사모에 대한 선호 급증

　최근 기업 공개 전 거래되는 사모투자 시장이 급성장하여 미국의 경우 이미 7조 달러 규모를 넘어섰으며, 2025년까지 현재보다 두 배 이상 확대될 것으로 전망된다고 한다. 1996년 이후 공모기업 수가 반으로 줄어든 것에 비하면 놀라운 성장이 아닐 수 없다[4].

　이처럼 헤지펀드의 사모투자가 급증을 넘어 앞으로 더욱 빠른 성장세가 예상되는 배경에는 풍부한 시장유동성 하에서 더 높은 수익을 위해 장기투자할 의향이 있는 대규모 기관 투자자들이 늘고 있다는 점과 금융위기 이후 최대수익을 올리고 있는 헤지펀드 업계의 수익성 개선이 자금동원력을 뒷받침하고 있다는 점을 들 수 있다[22]. 기업공개 시 헤지펀드가 배당받을 수 있는 할당량이 크지 않다는 점도 헤지펀드들이 공모보다는 사모투자에 공격적인 이유 중 하나이다.

22　헤지펀드의 사모투자 수익률은 과거 10년간 14.2%로 전통자산 수익률 7.1%의 두 배 수준이다(FT).

특징적인 것은 사모기업에 투자하는 헤지펀드는 사모투자의 리스크를 감당할 여력이 충분한 소수 우량 대규모 펀드에 집중되어 있다는 점이다. 대부분의 헤지펀드는 여전히 주식, 채권 등 전통적 자산에 주로 투자하고 사모투자비중은 20% 이내로 크지 않게 가져간다. 일부펀드는 기업공개(IPO) 가능성이 큰 기업을 선별하여 투자했다가 해당기업의 IPO 후에도 포지션을 계속 유지하는 '크로스오버(crossover)' 전략을 구사하기도 한다. 투자의 대상이 되는 사모기업들도 보통 자신들의 IPO 프로세스를 지원할 능력과 의향이 있는 장기 투자자(crossover 헤지펀드)를 선호하기 때문에 투자자와 피투자자 간에 서로 윈윈(win-win +)효과가 있다.

한편 최근에는 사모펀드 중에서도 성장주로 분류되나 아직 기업공개가 되지 않은 주식에 투자하여 향후 상장 후 차익을 노리는 사모 성장주 펀드 시장이 점점 그 규모를 불리고 있다[5]. 근래에 기술 성장주 수익률이 급격히 오르자 이들 글로벌 성장주에 투자하는 사모펀드가 급증한 것이다. 지금까지 성장주 투자가 거래소에 상장된 상장기업 중 성장성이 높은 기업 주식에 투자하는 공모주 성장주 펀드 위주로 운용되었던 것과는 대조적인 모습이다.

보통 벤처캐피털(VC)과 사모주식펀드(PEF)가 다른 점은 VC의 경우 아주 초기 기업에 장기 투자하는 반면 PEF는 어느 정도 성장하여 수익성이 윤곽을 나타내는 중기 정도의 제법 튼튼한 기업에 투자한다는 점이다. 최근에는 이들 VC, PEF 외에 헤지펀드나 일반 자산운용사들도 아직 상장되지 않은, 중기 정도의 성장 사이클에 있는 성장주에 투자하는 경우가 크게 늘고 있다고 한다. 이처럼 사모시장에서의 인기가 급등하면서 기술 성장기업들의 몸값도 따라서 높아지고 투자자금 확보를 위해 빨리 IPO를 해야 할 필요성도 크게 줄었으며, 이에 따라 기술 성장기업들은 사모시장의 투자자금을 충분히 활용하면서 될 수 있으면 늦게 공모시장으로 진입하는 전략을 채택하고 있다고 한다.

문제는 이런 경향이 심해질수록 투자자들이 이들 기술 성장주들을 엄격하게 객관적으로 평가할 수단이 적어진다는 것이다. 재무상황이 공개되어 있어 재무분석이 용이한 공모시장과는 달리 사모시장에서는 기업의 재무상황을 정확히 파악하기 어렵다. 심지어 FOMO[23] 투자가 성행하는 경우라면 재무상황 파악은 해보지도 못하고 주변 분위기에 휩쓸려 잘못된 투자결정을 내릴 위험은 더욱 커진다. 또한 기술 성장 스타트 기업들의 IPO가 지연되면 될수록 시장 가치가 부풀려져 막상 공개되고 난 후엔 기대했던 수익이 없어지는 상황이 올 수도 있다. 이처럼 사모시장이 급성장할수록 기술 성장기업들은 점점 특별히 주의를 기울여 투자할 필요가 있는 섹터가 되어가고 있다.

---

23   Fear Of Missing Out. 남들보다 자신만 뒤처지거나 소외되는 것에 대한 두려움을 가지는 증상. 주가 급등으로 남들이 다 이익을 누리고 자신만 소외되는 데 대한 두려움으로 뒤늦게라도 주식에 관심을 두고 뛰어드는 현상 등이 예이다.

- 11 -
시장의 비효율성을 전제로 하는
로우 베타 투자

금융위기 이후 십 년 이상을 저금리 상황이 지속되면서 보험사와 같이 장기간 일정 수익률을 확보해야만 하는 기관들은 비상이 걸렸다. 미국의 연금펀드의 경우 약 7% 수준의 명목수익률이 필요한 것으로 알려져 있는데, 자산을 어떤 식으로 운용하여도 이를 달성하기란 여간 어려운 일이 아니다. 최근 헤지펀드 AQR Capital Management의 Antii Ilmanen이 쓴 글[6]을 보면 지금 같은 저수익의 시대에 많은 투자자가 어떻게 활로를 모색하고 있는지 흐름을 이해할 수 있다.

우선 수익률 제고를 위해 기관 투자자들이 가장 많이 투자기회를 엿보는 시장은 대체투자시장이다[24]. 사모주식, 부동산, 인프라 등 비전통적 자산에 장기간 투자하여 수익을 올리는 대체투자는 한정된 투자대상에 투자자금만 많아지다 보니 초기투자 가격이 과대 평가되는 등 부작용도 많다. 초기 투자값이 클수록 해당 투자의 수익률은 점차 낮아

---

24 '대체투자는 정확히 어떤 개념인가?' 참조

질 수밖에 없고, 게다가 대체투자의 더 치명적인 단점은 유동성이 낮다는 점이다. 물론 보험, 기금처럼 부채의 듀레이션이 길어 장기투자가 쉬운 투자자라면 투자대상의 유동성이 낮다는 점이 큰 문제가 되지는 않는다. 그러나 언제든 유동화가 필요한 대부분 투자자에게 유동성이 낮다는 제약은 큰 걸림돌이 될 수밖에 없다. 대체투자의 대상이 제한되고 복잡한 구조로 이루어진 경우가 많아 높은 전문성이 요구된다는 점도 큰 제약인데, 실력 있는 대체투자팀이 팀 단위로 이리저리 회사를 옮기며 고액 연봉을 좇고 있는 현실도 이런 전문성 제약 때문에 가능한 일이다. 또 한 가지 문제는 앞서 지적한 대로 시가 업데이트(marked-to market)가 어려워 성과평가를 하는 데 제약이 너무 크다는 점이다. 현재 성과를 확인하지 못하는 투자는 눈을 감고 게임을 하라는 말과 크게 다르지 않다.

이 같은 대체투자의 여러 단점을 피하면서 투자자들이 관심을 가질 수 있는 분야가 바로 로우 베타(low beta) 투자이다. 시장의 수익률 자체가 낮다 보니 시장 인덱스와의 상관성이 낮은 주식 위주로 투자하자는 것이 이 전략의 요지이다. 마코위츠의 효율적 투자선 이론에 따르면 효율적 투자선 상에 있는 주식, 즉 시장인덱스를 구성하는, 시장과의 상관성이 가장 높은 주식일수록 위험 대비 수익률이 높다. 이는 하이 베타(high beta) 주식일수록 수익률이 높고, 로우 베타(low beta) 주식일수록 수익률이 낮다는 의미인데, 이와 반대로 투자하라는 것이 이 전략의 요지다. 마코위츠 이론과 다르게 로우 베타 주식을 고수익 투자기회로 추천하는 배경에는 그만큼 시장이 효율적이지 않다는 전제가 깔려있다. 즉 마코위츠가 주장하는 완전히 효율적인 시장이 현실과는 크게 다르다는 것이다. 수익률이 낮은 자산의 통화(예: 엔화)로 차입해 수익률이 높은 자산의 통화(예: 달러화)에 투자하는 캐리 트레이드(carry trade)도 시장 인덱스와는 상관관계가 적은 로우 베타 투자에 속한다.

로우 베타 투자는 가치주 투자와 같이 장기간 보유하지 않으면 효력을 발휘하기 어렵다. 또한 모멘텀 투자와 같이 진입시점을 잘 판단하지 않으면 손해를 볼 확률이 높다. 따라서 개인보다는 전문성이 높은 기관 투자자를 통해 투자하는 경우가 많은데, 이때는 수수료 부담이 커진다는 제약이 있다. 아무리 로우 베타 전략이 성공적이라 하여도 높은 수수료를 지급하고 나면 남는 게 거의 없는 경우가 다반사이다. 알파 투자의 성공을 제약하는 요인이 많은 데다 수수료 부담까지 더해져 실질 수익률이 점점 떨어지자 이에 대한 대응으로 수수료 부담이 아주 적으면서도 시장인덱스에서 벗어나 스몰 알파를 취할 수 있는 대중적 전략상품으로 등장한 중간 성격의 로우베타 상품이 바로 '액티브 ETF'이다.

– 12 –
ETF가 시장의 주력 투자상품이 될 경우
생각해봐야 할 리스크는?

    코로나 충격이 최고조였던 2020년 3월 이후 미연준의 거의 무한대에 가까운 유동성 공급으로 가장 많은 수혜를 본 자산은 아마도 ETF, 그중에서도 주식연계형 ETF일 것이다. 풍부한 유동성과 기술주 중심의 실적 개선이 맞물려 코로나 충격과 회복과정에서 글로벌 투자자금이 주식연계 ETF를 통해 주식시장, 특히 미국 주식시장으로 대거 유입되었다. 글로벌 자산운용사 블랙록의 추정에 따르면 현재 약 10조 달러 규모인 글로벌 ETF 시장이 2025년에는 15조 달러 규모, 시장으로 1.5배 성장할 것으로 예상된다. 현재 헤지펀드가 약 4조 달러 규모의 시장이라는 점을 감안하면 상당히 큰 규모라 할 수 있다.

    ETF는 자산운용사 등이 특정 성격(기술주, ESG주, 성장주 등)에 맞는 유망 주식종목들을 모아 하나의 포트폴리오로 구성하여 판매하는 상품으로 개별 종목에 대한 분석 없이 투자가 용이한 점 등 이점이 많은 상품이다. 최근에는 판매 금융기관 간 경쟁이 격화되면서 디지털 플랫폼에서 수수료 없이 거래가능한 상품이 늘고 있어 투자가 더욱 활발해지고 있다. 인덱스에 포함된 우량 종목 위주로 구성되는 경우가 많아 위험대비 수익이 높은 점(마코위츠 이론처럼)도 투자수요를 더 크게 하는 요인이 되고 있다. 최근에는 저평가주식을 찾아 투자하는 헤지펀드들이 자칫 일반투자자들의 공격 목표가 될 우려가 커진 점도 헤지펀드에 투자하는 것보다 ETF에 투자하려는 유인을 높이고 있다.

ETF는 개별 종목 주식이 아니라는 점만 제외하면 주식과 동일하므로 투자자 입장에선 이런 장점을 살리면서 투자선택의 풀을 넓게 하는 유용한 수단임에 틀림이 없다. 앞으로도 테마투자, 다변화투자 등을 배경으로 ETF투자는 더 큰 탄력을 받을 전망이다. 다만 ETF가 시장의 대세가 될 경우 유의할 점은 투자자로서 한 번쯤 짚어볼 필요가 있다.

먼저, 시장 변동성이 더 커질 수 있다. ETF보다 개별종목 투자가 대세라면 시장에서 저평가된 종목에 대한 투자가 몰려 그 종목의 저평가가 해소되는 과정에서 시장효율성이 개선되는 효과가 있다. 그러나 ETF 같은 인덱스 투자가 대세라면 시장의 흐름 변화, 또는 어떤 충격에 따라 투자자금의 유입과 유출이 한 방향으로 쏠림으로써 변동성이 높아질 수 있다. 또한 ETF가 과열될 경우 ETF 수익률과 ETF에 포함된 개별종목 수익률 간 격차가 발생한다. 기본적으로 ETF와 그 안에 포함된 종목 간에는 높은 (+)상관관계가 있어야 하지만, 이처럼 ETF와 개별종목 간 수익률 격차가 커진다면 시장 왜곡이 심화될 수 있다. 일각에서는 언제든 거래소에서 매매가 가능한 주식 ETF는 별문제가 없지만, 채권 ETF는 장외거래의 특성상 기초자산(채권) 거래를 100%

약속하기 어려워 유동성 리스크를 조심해야 한다는 지적도 있다. 마지막으로 레버리지, 인버스 등 파생 ETF가 활발히 이용되고 있다는 점도 리스크 요인이다. 어느 상품이든 수익·위험 구조를 다양하게 하는 파생상품 연계 거래는 바람직할 수 있다. 다만 다른 상품에 비해 일반 투자자 비중이 높은 ETF의 특성상 자칫 위험에 대한 고려가 충분치 않은 투자수요가 몰려 파생 ETF 익스포져가 커질 경우 시장급락 시 위험을 증폭시킬 수 있다는 점에 유의할 필요가 있다.

- 13 -
ETF 주식 vs ETF 채권,
어느 쪽이 더 나을까?

보통 주식은 거래소에서 거래되는 상품이라 '장내상품', 채권은 거래소 밖에서 거래되는 상품이라 '장외상품'으로 분류한다. 이는 주식의 경우 내용(발행기관)만 다를 뿐 그 형식(소유지분)은 단순하고 동일하기 때문에 거래소 거래가 쉽지만, 채권은 내용(발행기관+α)뿐 아니라 형식(만기, 쿠폰, 원금 등)이 복잡하고 채권마다 제각각이어서 일률적인 거래소 취급이 어렵기 때문이다. 그런데 최근 ETF가 주요 투자상품으로 주목받게 되면서부터 이런 주식과 채권 간의 장외, 장내 구분이 사라지게 되었다. 거래소에서 거래되는 ETF의 속성상 채권형 ETF라 할지라도 더는 장외상품이 아니게 된 것이다.

아직은 주식을 기초자산으로 한 주식형 ETF가 대세이지만 최근엔 채권을 기초자산으로 한 채권형 ETF 거래도 활발해지고 있다. 채권형 ETF는 2000년대초 자산운용사인 블랙록이 처음 개발하여 투자되었는데 2007년 말 600억 달러 규모이던 시장이 2016년 10배 증가한 6,000억 달러 시장으로 급성장하더니 풍부한 시장유동성을 바탕으로 시장 규모가 계속 커지고 있다. 여러 채권에 분산 투자하니 더 안정적인 투자이면서도 수수료 부담이 적은 지수형 상품이라 투자 매력이 높은데, 패시브 투자에 적합한 투자대상이다.

채권형 ETF는 거래소 상품이어서 유동성이 높고, 채권가격책정에 가이드라인 역할을 할 수 있다는 점에서 장점이 크다. 반면 채권 급락장에서는 ETF 상환이 채권 매도를 부추겨 변동성을 높일 수 있다는 단점[7]도 있다. 일각에서는 코로나로 시장이 충격에 빠졌던 2020년 3월 유동성 충격 당시 많은 자산가격이 급락했는데, 그중에서도 채권형 ETF의 하락 폭이 특히 컸고, 이 사실이 위기 시에는 채권형 ETF가 일반 채권보다 더 변동성이 크다는 좋은 반증이라고 이야기한다. 그 근거로 채권형 ETF는 보통 대규모로 발행되어 유동성이 높은 몇몇 채권 위주로 구성되는데, 시장 스트레스 상황 시 이들 기초채권에 대한 매도가 집중되어 오히려 보통 채권보다 더 큰 가격하락을 가져온다는 것이다.

또한 채권형 ETF는 주식형 ETF에 비해 ETF를 운용하는 자산운용사의 수도 많지 않아 충격이 집중될 위험성이 크다고도 이야기한다. 반면, 채권형 ETF는 상환이 이루어지더라도 기초채권 매도를 통한 현금 상환보다는 실물 상환으로 이루어지는 경우가 많아 실제 채권가격 급락을 부추기는 효과는 크지 않다는 견해도 있다. 그러나 채권형 ETF의 경우 운용이 몇 개 대규모 펀드에 집중되어 있고 또 몇 개 대규모 채권 위주로 이루어져 스트레스 상황 시 리스크가 집중될 위험이 크다는 점은 반드시 짚어보아야 한다. 채권형 ETF가 평상시에는 일반 채권에 비해 유동성이 높지만 위기 시에는 가격변동성이 더 증폭될 수 있다는 점은 늘 경계하며 투자할 필요성이 있다.

- 14 -
최근 액티브 ETF가 뜨는 이유는?

　금융위기 이후 긴 저금리 시대를 거치면서 평균적인 시장수익률 수준도 크게 떨어져 수수료를 제외하고 나면 초과수익을 크게 기대하기 어려운 상황이 상당히 오래 지속되어 왔다. 이러다 보니 수수료가 상대적으로 높은 액티브 펀드의 매력은 점점 떨어질 수밖에 없었다. 더구나 경제적 요인에 따른 시장변동성은 크게 낮아졌지만, 경제외적 요인에 따른 시장 불확실성은 크게 높아져 주로 경제적 요인(고평가/저평가여부)을 살펴 투자하는 액티브펀드의 투자성과도 저조한 경우가 더 많아졌다. 이런 상황에서는 시장인덱스에 따라 투자하는 패시브펀드의 매력이 높아질 수밖에 없는데, 그중에서도 펀드에 비해 수수료 부담이 적은 ETF가 주요 투자상품으로 크게 주목받는 결과를 낳았다.

　특정 종목이 아니라 투자가 유망한 여러 종목을 섞어 지수화한 투자 다변화 상품이라는 점, 지수를 추종하므로 펀드가 만기 상환되어도 실제 채권을 매매하지 않아 세금을 줄일 수 있고 서류작업이나 기타 행정비용이 덜 들기 때문에 제반 비용이 낮아 수수료 부담이 적다는 점, 거래소에서 주식처럼 거래되어 거래가 편리하고 유동성이 높다는 점 등 ETF의 많은 장점이 최근 시대 흐름에 잘 부합되었던 점이 투자자들의 ETF 수요를 더욱 크게 하는 요인이 되었다.

최근 시장의 주요 흐름 중 하나는 저조한 성과와 높은 수수료, 불편한 환매절차 등으로 점점 매력을 잃어가고 있는 액티브 펀드들이 정확히 반대되는 장점을 갖추고 있는 ETF로 영역을 넓혀 액티브 ETF로 탈바꿈하고 있다는 사실이다. 액티브 ETF는 펀드매니저가 ETF에 포함되는 종목과 비율을 정할 때 지수를 거의 그대로 추종하는 패시브 ETF와는 달리 어느 정도 재량권을 가지고 정하는 상품이다. 패시브 ETF보다는 수수료가 높으나, 유망 종목을 골라 투자하는 액티브 펀드에 비해서는 수수료가 훨씬 작고, 맞춤형(테마형) 지수를 추종하기 때문에 개별 종목 투자에 비해 안정적인 수익이 가능하다는 장점이 있다. 액티브 ETF에는 채권형과 주식형이 있는데 스펙트럼이 다양해 투자 다변화 효과가 높은 채권형이 많으나, 주식형의 비중도 점차 높아지는 추세이다.

PART 03

기관 투자자들의 주요 투자 프랙티스

- 1 -
기관 투자자는 수익률 목표와
리스크 범위를 어떻게 정할까?

 이번 장에서는 개인 투자자들의 이해를 돕기 위해 기관 투자자들이 실제 어떤 방식으로 투자하는지 주요 투자 프랙티스를 간략히 소개해 보려 한다[8]. 포트폴리오 투자를 시작할 때 가장 먼저 해야 할 일은 투자의 목표수익률과 목표 리스크 범위를 정하는 일이다. 보통 벤치마크를 정해 투자하기 때문에 벤치마크 리스크는 시장 리스크로 주어진 것이라 보고 벤치마크 대비 어느 정도 리스크를 허용할 것인지를 정하는 방식으로 이루어진다. 이때 리스크 목표는 수익률 목표를 위험조정수익률(IR)로 나누어준 값으로 구할 수 있다. 예를 들어 벤치마크 대비 목표 초과수익률이 1%(100bp)이고 목표 IR이 0.5라고 한다면 허용되는 리스크 한도(벤치마크 대비 갭)는 2%(200bp)가 된다. 이는 바꾸어 말하면 목표 초과수익률이 1%이고 내가 허용할 수 있는 리스크 한도(벤치마크 대비 초과수익률의 표준편차)가 2%라면 목표 IR은 0.5라는 말과 정확히 같다.

 만약 위험조정수익률 목표가 더 커진다면, 즉 더 적은 위험으로 더 높은 수익을 원하는 투자자라면 리스크 한도 허용 수준은 더 낮아지게 된다. 예를 들어 위험조정수익률 목표가 1에 근접한다면 리스크 허용 범위는 1%(100bp) 근처로 낮아지게 된다. 따라서 나의 수익률 목표가 어느 정도이고, 내가 가진 투자역량과 투자가능수단이 어느 수준인지를 판단한 후 자신에게 적합한 리스크 허용범위를 설정하는 것이 중요하다.

물론 헤지펀드와 같이 벤치마크를 정하지 않고 투자하는 경우에는 벤치마크 대비 초과수익률이 아닌 절대수익률 목표를 설정하게 된다. 예를 들어, 1억 달러 규모의 포트폴리오를 가진 투자자가 8% 절대수익률 목표를 설정했고, 목표 IR이 0.5 수준이라면 리스크 허용한도는 벤치마크 대비 초과수익률의 표준편차가 아닌 절대적 개념의 VaR로 측정하여 구할 수 있다. 즉, 그의 리스크 허용한도는 8백만 달러/0.5=1천6백만 달러(연간 VaR)가 된다. 이를 일일 VaR로 환산하면 1백만 달러(=1천6백만/$\sqrt{252}$), 즉 시장가격변화로 인해 하루에 허용할 수 있는 리스크 허용한도는 1백만 달러가 된다.

목표리스크(Target active risk)

= 목표수익률(Target excess return)/위험조정수익률(Information ratio)

• 절대수익추구(헤지펀드, 1억 달러) 1천6백만 달러 연간VaR = 8백만 달러/0.5
• 상대수익추구(포트폴리오 매니저)　　 200bp　　　　　　 = 100bp/0.5

- 2 -
기관 투자자는 그 많은 전략 중
투자전략을 어떻게 선택할까?

이처럼 목표수익률과 리스크 허용범위가 정해지면 이제 허용된 리스크 범위 내에서 수익을 최대화할 수 있는 투자전략을 본격적으로 고민해보아야 한다. 고민의 핵심은 내게 주어진 리스크를 어떤 상품과 어떤 전략에 적절히 배분할 것인지가 되는데, 금리방향 예측이 자신 있다면 듀레이션 베팅에, 금리방향은 잘 모르겠지만 글로벌 매크로 분석에 강점이 있다면 FX 전략에, 실물경기나 기업의 수익성 분석에 경쟁력이 있다면 회사채나 주식 같은 위험자산으로의 자산배분 또는 개별 종목선정에 베팅해볼 수 있다.

사실 모든 개인 투자자가 취하는 투자행위도 알고 보면 개인이 가진 예산 범위 내에서 본인이 가장 자신 있는 전략에 베팅한다는 면에서 기관 투자자들의 투자와 다르지 않다. 다만 투자규모와 시스템이 다르고 좀 더 객관적이고 과학적인 방법으로 수익률과 위험을 분석하여 전체적인 포트폴리오 관점에서 투자한다는 점에서 차이가 있을 뿐이다. 기관들처럼 거창한 모델이나 시스템을 갖고 있진 않더라도 간단한 엑

셀작업을 통해 수익률과 위험관리가 가능하고, 약간의 공부로 포트폴리오 관점의 투자가 가능하므로 개인 투자자들도 충분히 기관 투자자와 유사한 투자전략을 구사해볼 수 있다.

투자전략을 고를 때는 평소 내가 자신 있는 전략에 집중하는 것도 중요하지만, 과연 어떤 요인(factor)들이 어떤 방식으로 투자상품과 전략에 영향을 주고 있고 또 앞으로 영향을 줄 것인지를 정확하게 파악하는 것이 중요하다. 투자에 영향을 주는 요인으로는 크게 성장률, 인플레이션, 통화정책, 재정정책과 같이 시장 전체에 영향을 미치는 매크로 요인(top-down)과 개별자산의 밸류에이션, 수급, 테크니컬 요인 등과 같이 개별시장에 영향을 미치는 고유요인(bottom-up)이 있다. 이러한 요인들은 각각의 상품과 전략에 각기 다른 방향으로 영향을 미치므로 상품별, 전략별 수익률과 위험도 달라진다. 따라서 투자전략 선택의 핵심은 이러한 요인별 영향을 정확히 분석하여 가장 높은 위험 대비수익을 가져다주는 상품과 전략을 선택하고, 이들 간 상관관계를 분석하여 가장 다변화효과가 높은 상품과 전략에 투자하는 것이다.

그렇다면 먼저 모든 시장과 상품에 영향을 주는 경제상황 변화, 즉 매크로 요인부터 살펴보자. 여기엔 각 매크로 시나리오별로 투자가능한 상품과 전략들을 다 나열해본 후 매입/매도의 단순한 룰을 적용하였을 경우의 투자성공률과 위험대비 수익성을 비교하여 높은 순서대로 투자하는 방법이 있다. 이때 한 가지 놓치지 말아야 할 점은 개별 상품이나 전략의 투자성공률과 수익성이 아무리 높더라도 특정 전략이나 상품에 올인하기보다는 서로 상관관계가 낮은, 즉 다변화효과가 높은 전략이나 상품에 분산 투자함으로써 전체 포트폴리오 위험을 낮추어야 한다는 것이다.

매크로 요인 중 성장률과 관련한 채권투자를 예로 들어보자. 성장률이 둔화되면 기준금리 인하를 통해 경기를 부양시키려는 정책 의지가 높아지고 경제 전반적으로 리스크가 높은 투자를 회피하게 됨으로써 리스크에 대한 보상, 즉 리스크 프리미엄이 낮아진다. 따라서 금리는 하락하고 안전자산의 가치는 오르게 된다. 이때 생각할 수 있는 채권투자전략으로는 금리하락 시 자본이득 증대 효과가 큰 장기채권 투자 비중을 늘려 포트폴리오의 듀레이션을 길게 가져가는 전략, 정책금리 인하 시 단기금리가 더 크게 영향받는 점에 착안해 장기물보다 단기물 비중을 확대하는 전략(curve steepener), 달러화 강세를 예상한 달러화 자산 비중 확대 전략 등이 될 수 있다.

반대로 성장률 상승이 예상되면 기준금리인상 가능성이 커지고 경제 전체적으로 리스크 선호가 활발해져 리스크 프리미엄이 상승한다. 따라서 금리는 상승하고 위험자산의 가치가 오르게 된다. 이때는 금리상승 전망에 따라 장기물 비중을 줄이고 단기물 비중을 늘리는 듀레이션 축소 전략, 정책금리 인상 시 단기금리가 더 큰 폭으로 상승하는 점에 착안하여 단기물보다 장기물 비중을 확대하는 전략(curve flattener), 달러화 약세를 예상한 달러화 자산 비중 축소 전략 등을 생각해 볼 수 있다[25].

다음은 매크로 요인 중 성장률과 관련한 외환(FX), 커머더티 투자의
예이다. 미국의 성장률이 높아지면 달러가 강세가 되고 달러화로 표시
되는 유가 등 에너지 가격이 상승하는 반면, 안전자산 수요 감소로 금
가격은 하락하는 것이 일반적인 예상이다. 그러나 과거 흐름을 보면
실제로 미국의 성장률 상승 시 달러화가 강세를 보였던 적은 50% 정
도에 불과하다. 이처럼 달러화 가치와 미국 성장률 간 상관관계가 낮
은 이유는 무엇일까? 그건 통화가치는 그 나라 성장률의 절대 수준보
다는 두 나라 간 상대적인 성장률 격차와 관계가 높기 때문이라는 점,
통화가치는 성장률 외에도 국가 간 자금흐름을 결정하는 다양한 요소
에 의해 영향받는다는 점 등으로 설명할 수 있다. 반면, 캐나다 달러
화의 경우는 미국과의 밀접한 경제적 연관성 등으로 미국의 성장률과
매우 밀접한 상관관계를 보인다. 유가와 같은 에너지 상품도 미국의
성장률과 대체로 상관관계가 높은 편이다[26].

---

25   제이피 모건에 따르면 과거 데이터를 이용한 시뮬레이션 결과 성장률과 관련한 전략
중 미국채 10년물, 유로달러 선물, 10년~30년물 커브전략 등의 성공률과 수익성이 높은 반
면, 달러화–호주달러화 자산 등 이종 통화 간 상대가치거래의 수익성은 낮은 것으로 분석되
었다. 이는 글로벌 금융통합으로 지역 간 상관관계가 높아진 데 따른 것으로 추정된다.
26   제이피 모건에 따르면 미국의 경기상승 전망 시 커머더티 지수 수익률이 상승하는 성
공률이 70%에 근접하고 IR도 0.6을 상회하는 것으로 분석되었다.

- 3 -
기관 투자자는
투자 시계를 어느 정도로 할까?

투자시계를 어느 정도로 할 것인가 하는 문제 역시 투자의 성패를 가르는 매우 중요한 요소이다. 결론은 투자전략의 성격에 따라 다르다. 성장률, 인플레이션 등 매크로 전망에 기초한 펀더멘털 전략은 장기(secular) 트렌드 하의 작은 주기적(cyclical) 변화에 맞춰 투자하는 경우가 많으므로 보통 3개월~1년을 시계로 한다. 기관 투자자들의 경우 장기적 전망과 단기적 주기 예측을 구분하여 투자하는데, 장기 전망(1년 이상)에 기초한 전략적 자산배분(Strategic Asset Allocation: SAA)과 단기 예측에 기초한 전술적 자산배분(Tactical Asset Allocation: TAA)으로 구분하여 투자한다.

평균회귀와 같이 자산가격의 밸류에이션에 근거한 투자전략은 투자시계가 더 길어진다. 채권이나 주식은 일반적으로 사이클의 저점(장기평균−1σ)에서 고점(장기평균+1σ)까지 5년 정도가 걸리는 것으로 알려져 있어 밸류에이션 사이클을 이용한 투자는 최소 1년은 넘게 시계를 설정해야 효과를 볼 수 있다. 반면 기술적 분석에 기초한 투자는 일중

초단기거래부터 수년을 시계로 한 중장기거래에 이르기까지 투자시계가 매우 다양하다. 상품별로는 펀더멘털 요인의 영향을 많이 받는 채권의 경우 3개월 이내, 기술적 분석이나 시장수급의 영향을 많이 받는 FX의 경우 1개월 이내, 밸류에이션의 영향을 많이 받는 주식의 경우 1년 이상의 투자시계를 갖는 것이 보통이다. 투자상품 다변화나 투자전략 다변화와 마찬가지로 투자시계 다변화(horizontal diversification)도 효과적인 투자기법의 하나로 널리 알려져 있다.

- 4 -
기관 투자자의 실제 거래 프로세스는?

글로벌 기관 투자자들의 주식, 채권 거래 프로세스는 실제로 어떨까? 주식은 거래소에서 거래되기 때문에 개인이나 기관 투자자나 투자방식이 크게 다르지 않다. 투자규모나 기법은 다르지만 기본적인 거래원리는 개인과 크게 다를 바 없다. 하지만 채권은 기본적으로 장외거래이고 대부분 거래를 기관들이 차지하기 때문에 개인에겐 거래방식이 생소할 수 있다. 간단히 살펴보자.

먼저 채권시장에는 발행자와 수요자를 연결해주는 시장조성자(market maker)가 존재한다. 국채시장의 프라이머리 딜러(PD)가 대표적인 시장조성자인데, 골드만삭스, 제이피모건 등 우리가 아는 유수의 글로벌 투자은행들이 이에 해당한다. PD는 주로 블룸버그나 로이터 등 플랫폼을 이용해 채권의 실시간 매매호가를 제공한다. 발행자들은 PD에게 우선적으로 물량을 공급하며 PD는 발행물량이 유통시장에서 원활히 거래될 수 있도록 중간자 역할을 담당하는데, '사자(bid)' 세력과 '팔자(offer)' 세력을 매치시킴으로써 실질적인 거래소 역할을 수행한다. 국채의 경우 발행 규모가 커서 PD가 다수이나, 회사채처럼 발행물량이 적은 경우에는 일부 주간사나 인수기관(co-manager, underwriter)이 PD 역할을 대신한다.

채권거래는 장외거래의 특성상 유선 거래가 많았는데, 최근에는 IT 의 발달로 블룸버그 메신저나 채팅을 이용한 거래가 압도적으로 많다. 사고자 또는 팔고자 하는 물량을 정하고 블룸버그 등 가격소스 스크린 을 통해 확인한 매매호가가 자기가 생각한 수준과 맞는다고 생각하면 거래기관(대부분 시장조성자)에 해당 물량을 어느 가격에 매매할 수 있 는지를 문의한다. 이때 문의는 트레이더(trader)에게 직접 하는 경우도 있지만 세일즈 담당을 통해 트레이더의 가격조건을 받아달라고 요청 하는 것이 일반적인 방식이다. 이때 거래 상대방 트레이더가 제시하는 가격은 대체로 스크린 상의 매매가격(bid/offer price)과 약간의 차이가 있는데, 이 차이는 트레이더가 중간에서 매매를 주선함으로써 수취하 는 대가(수수료)라고 생각하면 된다.

유선 주문의 경우 호가는 실시간 블룸버그나 로이터 등을 통해 확인 할 수 있으므로 스크린을 보면서 주문하는데 채권의 유동성 수준에 따 라 스크린 호가와 실제 호가 간 갭이 달라진다. 유동성이 높은 국채는 양자 간에 차이가 거의 없지만 유동성이 떨어지는 회사채나 자산유동 화채, 신흥국 채권 등은 스크린 호가가 실제 호가를 잘 반영하지 못해 양자 간 갭이 큰 게 보통이다. 전자거래 플랫폼에서도 상품별 유동성 수준을 반영하여 유동성이 낮은 상품일수록 매매호가 스프레드를 벌 려 호가된다. 따라서 거래 시에는 시장조성자들이 스크린을 통해 제시하는 매매호가와 거래상대 딜러가 제시하는 매매호가 간 차이가 어떤지를 체크하는 것이 매우 중요하다. 대부분의 경우 시장의 유통상황을 반영한 합리적인 수준의 마진을 제시하지만, 세일즈와 트레이더가 담합하여 높은 마진을 요구하는 경우가 종종 있어서 거래 상대방이 믿을 만한지를 먼저 체크하는 것이 꼭 필요하다.

보통 가격 또는 수익률 기준으로 호가되는데, 유동성이 풍부한 채권(국채)일수록 가격기준 호가가 많다. 가격기준의 경우 소수점 이하는 틱(tick=1/32%) 단위로 호가된다. 예를 들어 100-22틱은 100.22/32=100.6875를 의미한다. 1틱은 3.125bp(=0.03125)이며 1틱은 다시 1/8, 1/4, 1/2(+), 3/4, 5/8 단위로 쪼개진다. 100-22+는 100.22.5/32=100.703125와 같다. 틱은 예전에 미국에서 호가를 전달할 때 쓰였던 'ticker tape'에서 유래한 것이라 한다. 일종의 시장관례로 이해하면 된다. 매입하고자 하는 경우 나의 매입은 상대방의 매도이므로 상대방에게 오퍼 가격(offer price 또는 ask price)을 달라고 하고, 매도하고자 하는 경우 나의 매도는 상대방의 매입이므로 상대방에게 비드 가격(bid price)을 달라고 한다. 즉 비드/오퍼는 상대방의 관점에서 지칭되므로 혼돈되지 않도록 주의한다.

시장의 유동성 사정 외에도 채권만기나 채권유형 등에 따라 스프레드 수준이 다르다. 정상적인 경우 미국채는 0.5bp 이내, 정부기관채나 국제기구채의 경우 1~5bp, 회사채는 A급 이상인 경우에도 10bp를 넘는 경우가 많다. 같은 채권, 같은 만기라 해도 최근 발행(on the run issue)인지 과거 발행(off the run issue)인지에 따라 스프레드에 차이가 있는데, 보통 유동성이 떨어지는 과거 발행물일수록 스프레드가 벌어진다.

- 5 -
거래 상대방은 어떤 메커니즘으로
내 거래를 받아줄까?

여기서 한 가지 궁금해지는 것이 있다. 거래 시 호가를 제시하는 상대방 트레이더는 과연 어떤 메커니즘으로 나의 매매 주문에 응하는 것일까? 투자은행들이 내용을 잘 공개하려 하지 않아 현지 거래시장에 있던 필자도 처음엔 이 메커니즘을 잘 알지 못했는데 프로세스는 대체로 이렇다. 국채는 유통물량이 풍부해서 매매주문 시 트레이더가 그 채권을 보유하고 있지 않아도 고객의 요청대로 우선 매매한 후 해당 채권을 시장에서 구해 즉시 반대매매하면 된다. 이 중개과정에서 트레이더는 일정 마진을 얹어 호가를 부르므로 호가대로 거래가 되면 중개 마진(broker margin)을 얻게 된다. 그러나 회사채처럼 유동성이 떨어지는 채권의 경우에는 트레이더가 물량을 가지고 있지 않을 확률이 아주 높다. 따라서 고객이 매수주문을 내더라도 매도가 어렵고, 마땅한 다른 수요처가 없으면 고객의 매도주문을 받기도 곤란하다. 따라서 트레이더의 포지션에 따라 기관별 매매호가에 상당한 차이가 있을 수밖에 없다. 이런 메커니즘 때문에 회사채처럼 유동성이 낮은 채권을 거래할 때는 여러 군데에 매매주문을 내놓고 반드시 가격을 비교해 보아야 한다.

트레이더는 매일 아침 자신이 거래해야 할, 또는 거래할 수 있는 채권 리스트를 업데이트하고 개별 채권별 상대가격을 체크한다. 즉, 어떤 채권이 싸고 어떤 채권이 비싼지를 자기만의 분석 툴을 이용하여 점검하여 비싼 채권은 팔고 싼 채권은 사겠다는 전략을 세운다. 이런 상대가치거래는 방향성 투자와는 달리 시장 리스크(듀레이션 위험)가 거의 없기 때문에 트레이더들이 자신에게 할당된 리스크 범위 내에서 물량을 키워가며 지속적으로 이익을 추구하기 적합한 전략이다. 글로벌 투자은행의 트레이더라면 엄청나게 복잡한 모델을 이용해서 상대가치분석을 할 것 같지만, 필자가 실제 확인한 바로는 각자의 취향대로 엑셀을 이용한 간단한 프레임을 만들어 사용하는 경우가 많았다. 개인 투자자들도 얼마간의 투자지식과 엑셀 사용만 가능하다면 이들처럼 상대가치거래 전략을 세우고 실행하기 그리 어렵지 않다고 생각한다.

　참고로 트레이더들이 즐겨 쓰는 투자 프레임을 몇 가지 소개해본다. 상대가치거래로는 Z스코어(z-score)를 이용하거나 버터플라이 분석(butterfly analysis)을 이용하는 경우가 많다. Z스코어[$=(x-\mu)/\sigma$]는 채권가격이 평균치로부터 벗어난 이격도(deviation)를 측정하여 거래하는 방식이며, 버터플라이 분석은 수익률곡선상 (단기+장기)조합과 (중기×2) 조합 중 어느 쪽의 수익률이 높은가를 비교하여 거래하는 방식이다. 예를 들어보자. (2년+10년)과 (5년×2) 중 (2년+10년) 수익률이 (5년×2)보다 높다면 5년물이 고평가, (2년+10년)물이 저평가된 것으로 보고[이때 (2년+10년: barbell)과 (5년×2: bullet)의 듀레이션은 같게 한

상태에서 판단한다] 고평가된 5년물을 매도하고 저평가된 (2년+10년)물을 매입하는 전략을 취하면 된다.

　트레이더는 매일 아침 일찍 출근하자마자 이런 분석을 마치고 자신의 포지션 현황을 체크한 후 시장이 오픈함과 동시에 그날의 거래에 들어간다. 마침 투자자가 호가를 요청하는 채권이 자신의 채권 리스트에 있는 경우에는 더 공격적으로 호가를 제시(투자자가 매입하려 할 때 더 싸게, 매도하려 할 때 더 비싸게)하여 거래물량을 확보하려 한다. 때로는 투자자가 매물을 찾기 전에 트레이더가 세일즈를 통해 매매의사가 있는지 먼저 문의[이를 '逆제안(reverse inquiry)'이라고 한다]하는 경우도 있다. 이러한 경우는 트레이더가 많이 보유하고 있는 채권을 매도하려 하거나 꼭 필요한 채권을 매입하려 하는 경우이므로 투자자 입장에선 더 유리한 가격조건을 요구해도 성사될 확률이 높다.

- 6 -
기관 투자자의 리스크 관리 방식

　이제는 기관 투자자들은 포트폴리오의 리스크 관리를 구체적으로 어떤 프로세스를 통해서 하는지 궁금해진다. 기관별로 차이가 있겠지만 대체로 ⅰ) 전체적인 리스크 제약 목표를 정하고(risk targeting), ⅱ) 투자상품별 또는 투자전략별로 어느 정도까지 리스크를 허용할지 섹터별로 리스크 한도를 배분한(risk budgeting) 후, ⅲ) 다양한 지표를 이용하여 보유자산과 관련된 리스크가 얼마나 되는지를 측정(risk measurement)하고, ⅳ) 각 리스크 유형별로 리스크 지표가 허용한도를 초과하였는지 여부 등을 상시 통제(risk control)하며, ⅴ) 마지막으로 허용된 위험 수준 내에서 목표 수익률을 달성할 수 있도록 제반 리스크를 효과적으로 관리(risk management)하는 과정으로 요약할 수 있다.

　그럼 그 과정 하나하나를 간략히 살펴보자. 먼저 리스크 제약 목표 설정이다. 리스크 제약은 투자의 기본인 목표수익률 설정과 동시에 이루어진다. 가령 내 포트폴리오를 통해서 α% 수익률 목표를 정했다고 가정해보자. 이때 α% 수익률을 달성하기 위해 수반되는 리스크 제약이 늘 존재하므로 리스크 목표도 자연스럽게 설정된다. 기관 투자자들이 많이 쓰는 방법은 포트폴리오의 기대수익률이 (−)가 될 위험(shortfall risk)을 일정 수준(보통 유의수준 5%) 이내로 제한하는 제약조건을 부여하는 것이다. 다시 말해 감내할 수 있는 최소수익률(0%)을 정하고 이를 밑돌 확률을 일정 수준으로 묶어두는 제약조건을 부여하여 최적자산배분을 실시하는데, 이는 개인 투자자들도 시도해볼 만한 충분히 합리적인 접근이라 할 수 있다.

　이처럼 최적자산배분 과정을 거쳐 내 포트폴리오를 구축했다면(예: 국채 30%, 회사채 20%, MBS 20%, 주식 30%) 이제 내 포트폴리오의 리스크 제약과 이를 기반으로 한 목표수익률[27]은 구해진 셈이다. 이때 내 포트폴리오의 리스크는 상품별 시장변동성(표준편차)에 최적자산배분 결과 도출된 가중치를 곱하여 전체적인 위험(변동성)을 구한 값이므로 사실상 시장 리스크라 할 수 있다[28]. 이상의 과정을 거쳐 기대수익률이 (−)가 되지 않을 범위 내에서 최적자산구성을 구했지만 사실 이것만으로는 충분치 않다. 시장(β)보다 더 높은 수익률(초과수익률)을 추구하는 게 모든 투자자들의 일반적인 목표[29]이므로 초과수익률(이를 α라 칭한다)을 구하기 위해 추가적인 알파 리스크를 설정하고 목표수익률도 β

27　상품별 수익률×가중치. 예에서는 국채수익률×30%+회사채수익률×20%+MBS수익률 ×20%+주식수익률×30%가 된다.

28　보통 투자론에서는 시장 리스크를 베타(β)리스크라 칭한다.

29　물론 시장인덱스를 벤치마크로 해서 인덱스 수준의 수익률만 확보하려고 하는 패시브 투자전략도 많다. 이 경우 알파 개념은 없으며 베타 수익률로 충분하다.

+α로 상향 조정하게 된다.

이처럼 추가적인 알파 리스크를 설정할 때는 보통 추적오차 (tracking error) 개념이 많이 쓰인다. 추적오차란 앞서 언급한 대로 '벤치마크 대비 초과수익률의 표준편차'로 정의되며, 벤치마크로부터 얼마까지 벗어나는 것을 허용할지 한도를 부여할 때 적합한 리스크 지표이다. 나의 실제 포트폴리오와 벤치마크 간 차이를 설명하는 지표이기 때문에 벤치마크를 두고 투자하는 거의 모든 투자행위에 있어 가장 중요한 개념이라 할 수 있다. 보통 전체 추적오차 한도(예: 100bp)를 부여하고, 그 안에서 각 상품별, 전략별, 매니저별로 서브 한도를 부여하는 방식으로 운영한다. 나중에는 운용성과를 평가하고 부여된 추적오차 한도 내에서 가장 성과가 좋은 상품이나 전략, 매니저에게 더 큰 추적오차 한도를 부여함으로써 전체 성과를 축차적으로 높이는 방식으로 운영한다. 이 같은 리스크 한도 운영방식을 '리스크 한도 배분'이라 한다.

이렇게 각 팩터 별로 리스크 한도가 배분되었다면 이제 내 포트폴리오의 리스크가 어떻게 변화하고 있는지를 정확히 측정하고 그 결과 내 리스크 허용범위를 넘어서는 일이 발생하면 이를 적절히 통제하는 것이 중요하다. 이 부분에 대해선 이미 앞에서 자세히 설명하였으므로 여기서 다시 다룰 필요는 없을 것 같다.

- 7 -
리스크 관리는 통제만 의미하지는 않는다

이제는 리스크 관리와 관련하여 몇 가지 생각해보아야 할 포인트들을 짚어보고자 한다. 먼저 '리스크 관리 = 리스크 통제'라고 생각할 수 있는 오류에 관한 것이다. 결론적으로 가장 바람직한 리스크 관리는 리스크 통제만은 아니다. 오히려 리스크를 쓰는 것을 장려해야 할 수도 있다. 왜냐하면 리스크를 쓰지 않고서는 수익을 기대할 수 없기 때문이다. 그러면 여기서 짚어볼 것은 어떤 리스크를 쓰는 걸 장려하고 어떤 리스크는 통제를 강화해야 할지에 관한 문제이다. 이를 구분하기 위해서는 리스크를 두 가지 유형, 즉 '보상가능 리스크(compensated risk)'와 '보상불가능 리스크(uncompensated risk)'로 나누어 접근하는 것이 좋다.

먼저 보상가능 리스크는 리스크를 쓸수록 더 높은 수익을 얻을 기회가 많아지는 리스크 유형을 말한다. 3대 리스크인 시장, 신용, 유동성 리스크가 모두 여기에 해당된다. 보상가능 리스크는 리스크 통제보다는 리스크 효율성(risk efficiency) 개념이 중요하다. 즉 얼마나 적은 리스크를 써서 얼마나 높은 수익을 얻을 수 있는지가 관건이다. 만약 어떤 매니저가 주어진 리스크 한도 내에서 리스크를 훨씬 적게 써서 결과적으로 아주 낮은 수익을 얻었다면 경고 조치를 받아야 한다. 반면 주어진 리스크 한도를 거의 꽉 채워 써서 높은 수익을 얻었다면 크게 치하해줘야 한다. 물론 리스크를 적게 써서 큰 수익을 얻었다면 더 큰 치하가 마땅하다. 단순히 리스크를 적게 쓰고 많이 쓰고는 별로 중요하지 않으며, 주어진 리스크 한도를 얼마나 효율적으로 썼는지, 리스크 대비 성과가 얼마나 좋은지가 중요하다.

한편 보상불가능 리스크는 아무리 리스크를 많이 써도 수익은 높아지지 않는, 즉 수익과는 직접적인 관계가 없는 리스크들을 총칭한다. 위의 3대 리스크를 제외한 대부분 리스크가 여기에 해당되는데, 거래 상대방 리스크, 운영 리스크, 법적 리스크, 평판 리스크 등이 그것이다. 보상불가능 리스크는 얼마나 효과적으로 리스크를 통제할 수 있는지가 관건이다. 흔히 말하는 '리스크 관리=리스크 통제' 공식이 여기선 성립한다. 한가지 여기서 강조하고 싶은 것은 점점 극단적인 위험이 가시화될 리스크가 커지면서 이 같은 보상불가능 리스크가 손실과 연계될 가능성 또한 높아지고 있다는 사실이다. 이 점은 보상불가능 리스크를 다루는 우리의 접근방식이 더욱 적극적일 필요가 있음을 시사한다.

다음으로 생각해보아야 할 이슈는 '우리가 왜 리스크 관리를 해야 하는가?' 하는 문제이다. 리스크 관리의 목적은 감내하기 어려운 리스크로 인해 의도치 않은 손실을 볼 가능성을 사전에 차단하는 데에 있다. 즉, 리스크가 터지고 나서야 수습하는 사후적 리스크 관리가 아닌, 리스크를 미리 예방하고자 하는 사전적 리스크 관리가 중요하다. 이를 위해서는 내 포트폴리오의 어느 부분에 리스크가 큰지를 파악하여 미리 대응하는 것이 중요한데, 성과요인 분석처럼 평소에 리스크요인 분해를 정확히 하는 노력이 필요하다. 또한 리스크가 가시화될 수 있는 시나리오를 여러 개 정해놓고 상황별로 손실률을 측정하는 식의 '시나리오별 스트레스 테스트'를 정기적으로 해보는 것도 사전적 리스크 관리의 대표적 예 중 하나이다.

마지막으로 짚어볼 점은 평상시와 위기 시 포트폴리오의 리스크 변화가 비대칭적이라는 점이다. 즉 금융위기 등 위기를 겪으면서 평상시에 비해 위기 시 리스크가 기하급수적으로 증가하는 행태를 우리는 충분히 목격했다. 분포상 극단적인 위험이 발생할 가능성이 예전보다 높아졌고, 이에 대한 인식 또한 훨씬 강해졌다. 각종 리스크 지표 중 위기 시 지표(CVaR, 스트레스 테스트 등)의 중요성이 과거와는 비교할 수 없을 만큼 커지고 있다는 점이 이를 반영한다. 투자자로서 반드시 유념하여야 할 포인트이다.

- 8 -
가장 쉬워 보이지만 어려운 리스크 관리, 강제매각 전략

보유채권의 신용등급이 사전에 정한 수준 이하로 떨어질 때 강제로 포지션을 처분하게 하는 강제매각(forced sell)은 기관 투자자들의 보편적인 신용 리스크 관리 수단이다. 흔히 이야기하는 손절매(stop loss)와는 개념이 다른데, 손절매가 시장가격이 일정 수준 이하로 떨어질 때 더 이상 손실을 보지 않기 위해 강제로 처분한다는 개념이라면, 강제매각은 해당 채권의 신용위험이 일정 수준보다 더 높아질 때 더 이상 손실을 보지 않기 위해 강제로 처분한다는 개념이다. 즉 손절매는 시장 리스크를, 강제매각은 신용 리스크를 관리하는 수단으로 이해하면 된다. 다만 일정 수준을 넘어설 때 강제로 포지션을 처분한다는 점에서 양자를 같은 개념으로 혼용하기도 한다.

실제 강제매각은 투자적격등급(BBB- 이상)에만 투자가 가능하도록 리스크 허용범위를 정해놓고, 보유채권의 신용등급이 투기등급(BB+ 이하)으로 떨어지면 즉시 매각하도록 하는 경우가 가장 일반적이다. 강제매각의 효과는 실제 디폴트로 이어질지도 모르는 부실 익스포져를 줄임으로써 얻게 되는 '손실축소의 효익(benefit)'이 시장불안이 진정될 경우 얻을 수 있는 이익을 포기하는 '이익제약의 비용(cost)'을 얼마만큼 상회하는지에 달려 있다.

강제매각의 기준으로는 신용평가사의 신용등급을 이용하는 것이 일반적이나, 최근 신용등급에 대한 신뢰가 떨어지면서 신용등급을 대체할 만한 시장지표나 자체적으로 개발한 내부 신용평가지표를 이용하자는 움직임이 국제적인 트렌드가 되고 있다. 특히 신용등급을 기준으로 한 기계적인 강제매각은 시장이 불안할 때 시장의 매도 쏠림을 가중시킴으로써 시장을 더 불안하게 만드는 현상, 즉 부정적 의미의 경기순응성이 강하기 때문에 이를 완화할 만한 대안지표를 마련하자는 논의가 BIS 등 국제기구를 중심으로 활발하다. 대안지표로는 채권가격에 포함된 스프레드(OAS)나 부도확률(ETF), CDS스프레드와 같은 시장지표가 주로 제시된다. 그러나 이들 시장지표의 경우 시장에서 결정되는 가격변수들이기 때문에 아무래도 변동성이 크고 수급요인에 크게 영향받는다는 한계가 있어 아직 신용등급을 대체할 만큼 범용적이지는 못하다.

신용등급과 시장지표 중 어느 쪽을 강제매각의 기준으로 하는 것이 유리한지를 비교한 기존의 논문을 보면 대체로 신용등급이 투자대상의 디폴트리스크를 보다 잘 예측함으로써 유리하다는 분석이 많다. 시장지표는 신용등급보다 더 빠르게 신용정보를 제공하는 장점이 있지만, 시장의 수급 변화 등에도 영향을 받기 때문에 변동성이 높아 리스크 관리 기준으로 삼기에는 잘못된 시그널을 줄 위험이 단점으로 지적된다. 한편, 양 지표 중 어느 지표가 '위험조정수익률' 관점에서 유리한지를 비교 평가한 결과 투자대상의 펀더멘털을 보다 잘 반영하는 신용등급이 시장지표보다 더 유리하다는 분석[9]도 있다. 이는 시장지표의 경우 신용악화를 더 이른 시점에 알려주는 조기경보기능(early warning benefit)은 있으나 신용 악화로 가격이 급락하는 시점에 처분함으로써 자본손실이 큰 경우가 많은 데 따른 것이라는 분석이다. 즉, 시장지표는 높은 변동성으로 인해 강제매각에 따른 손실축소 효익보다 가격 재상승에 따른 잠재적 이익을 잃어버리는 기회비용이 더 클 소지가 높다는 의미이다. 다만, 이 분석은 손실 후 정상복원 가능성이 높은 비교적 우량한 채권포트폴리오[30]를 대상으로 한 것이어서, 보다 덜 우량한 채권을 대상으로 할 경우 시장지표가 더 유용할 수 있음은 감안하여야 한다[31]. 신용등급은 시장에 다소 후행하여 일시에 조정되는 경향이 있어 위기 시 신용등급만 보고 있다가는 가격이 크게 하락한 후 뒤늦게 처분하여 손실이 커질 수 있음에 유의하여야 한다.

결론적으로 강제매각은 신용등급을 기준으로 하되 시장지표를 보완

---

30 논문에서는 채권 신용등급이 AAA급 미만으로 하락하거나, OAS가 500bp 이상으로 확대될 때 강제매각하는 것으로 가정하여 분석하였다.

31 논문에서는 신용악화 가능성이 높은 채권 포트폴리오를 대상으로 할 경우 신용등급 대비 시장지표의 유용성이 크게 개선되는 것으로 나타났으며, 금융위기와 같이 시장 스트레스가 큰 시기에도 시장지표의 신용 리스크 조기경보기능이 수익률 개선에 상당히 도움이 되는 것으로 분석되었다.

적으로 사용하는 것이 바람직하다. 특히 장기투자자의 경우에는 변동성이 낮은 신용등급이 변동성이 높은 시장지표보다 유리하다는 연구 결과에 주목할 필요가 있다. 잦은 지표변화로 매각, 매입을 반복할 경우 거래비용이 증가할 뿐 아니라 장기적으로는 신용등급이 시장지표에 비해 디폴트리스크에 대한 예측력이 높다는 점도 기억해야 한다. 반면 단기투자자의 경우에는 신용등급만으로는 단기적인 신용변화를 반영하기 어려우므로 시장지표를 잘 살펴볼 필요가 있다. 실제 디폴트로 이어지는 악성 채권의 경우에는 시장지표의 조기경보기능이 유효할 확률이 높으므로 시장지표를 활용할 필요성이 더 높아진다.

한편, 강제매각을 리스크 관리원칙으로 정했다고 하더라도 충분한 근거만 있다면 일정 기간 매각을 유예할 수 있도록 하는 것도 기관 투자자들이 일반적인 관행이다. 이는 기계적 강제매각이 줄 수 있는 오류를 최소화하기 위한 조치인데, 대개 '기준 미달 후 1개월 이내'인 경우가 많다. 투자등급과 보유등급을 이원화, 즉 투자등급(예: AAA)보다 보유등급(예: AA)을 더 낮게 설정함으로써 강제매각의 대상을 줄이는 것도 효과적인 대안이 될 수 있는데, 이는 전적으로 투자자의 리스크 허용 수준이 어떤지에 달려 있다.

- 9 -
글로벌 투자자들은
왜 마이너스 금리 채권에 투자할까?

코로나가 한창이던 2020~2021년 전 세계 국채의 30% 정도가 마이너스 금리 채권이었다. 명목금리 기준으로 그렇다는 이야기니까 실질금리로 따진다면 신흥국을 제외한 선진국 국채 대부분이 마이너스 금리 채권이었다고 할 수 있다.

마이너스 금리 채권이란 어떤 건가? 명목금리를 기준으로 한 마이너스 금리 채권이란 만기에 받을 원금(명목원금)보다 발행 당시의 명목가치가 더 큰 채권을 말한다. 즉 만기에 100을 받는 채권을 110에 발행한다는 이야기인데, 발행시장에서 이 채권을 매입하는 투자자는 사자마자 -10, -10/110%의 손해를 보게 된다. 그렇다면 이런 손해를 보면서까지 왜 마이너스 금리 채권을 매입하는 것일까? 전 세계에서 가장 많이 투자되는 대표적 국채인 미국 국채를 예로 해서 그 이유를 살펴보자. 코로나 시기에도 미국 국채는 명목금리까지 마이너스인 채권은 아니었다. 하지만 인플레이션을 감안한 실질금리 기준으로 보면 (-) 금리 채권이었고 최근까지도 그랬다. 즉 미국채를 매입하는 동시에 물가연동국채(TIPs)를 매입하는 방식으로 인플레이션을 헤지한다면 실질수익률은 (−)가 된 것이다. 그런데도 미국채에 대한 투자자들의 열기는 거의 언제나 절대 식지 않고 있다. 그 이유가 어디에 있는지를 짚어보면 질문에 답이 될 것 같다.

첫 번째 답은 미국채 금리가 너무 떨어져서 거의 무수익자산(return free risk)이 된다고 하더라도 무위험자산(risk free return)으로서의 미국채 수요는 꾸준히 계속되었고 앞으로도 그러하리라는 점이다. 이유는 여러 가지가 있겠지만 채권은 수익률이 아무리 낮아도 만기 시 원금이 보장되어 있어 투자금 회수위험 관점에서 주식이나 다른 자산에 비해 위험이 매우 낮다는 점을 들 수 있다. 물론 신용도가 크게 낮은 정크본드는 투자손실위험이 크다. 그러나 미국 국채는 디폴트위험이 거의 제로이므로 수익률이 (−)라 할지라도 제로 위험자산으로서의 투자가치는 충분히 있는 것이다. 수익률보다 만기 시 원금회수 여부가 더 중요한 연금이나 기금, 보험과 같이 부채규모가 큰 투자자의 경우, 이 같은 무위험자산으로서의 이점이 아주 중요하기 때문에 국채에 대한 투자수요가 끊임없이 이어지는 것이다.

다음은 마이너스 금리 채권이라 할지라도 금리가 더 떨어지면 자본이득이 발생하므로 여전히 투자수요가 존재한다는 점이다. 국채 투자자들의 상당수가 만기까지 보유하는 만기보유 투자자긴 하지만, 단기 투자수익 목적의 투자자들도 상당히 많이 존재한다. 인플레이션 속도가 예상보다 더 빠르거나 중앙은행 기준금리가 예상보다 덜 오르거나

(혹은 더 내리거나) 하여 실질금리가 예상보다 더 하락하는 경우 언제든 자본이득을 누릴 수 있는 점도 무시할 수 없는 투자 매력으로 작용하는 것이다.

또한 글로벌 시장의 큰손인 리얼머니들이 대부분 인덱스 투자자라는 사실도 마이너스 금리 채권수요를 꾸준히 있게 하는 중요한 요인이다. 보통 무위험자산과 위험자산을 섞어 포트폴리오를 다양하게 구성하는 기관 투자자들의 투자패턴상 국채, 그중에서도 미국 국채는 언제나 핵심적인 투자대상이 된다. 이들 전 세계 기관 투자자들의 인덱스 투자 규모는 실로 막대하다. 즉 국채수익률의 절대적인 수준과 관계없이 국채가 인덱스에 포함되어 있는 한 이들 인덱스 기관 투자자들의 국채수요는 끊임없을 것이다.

금리 사이클상 팬데믹 이후 경기회복에 따라 금리가 오를 일만 남아있고, 금리가 상승하는 긴축사이클 기간에는 금리상승에 따른 자본손실로 국채 투자수익이 낮아질 수밖에 없다. 그러나 일단 금리가 어느 정도 상승한 후에는 높은 만기수익률(yield)이 확보되어 만기까지 보유할 경우의 투자매력이 더 높아질 수 있다. 즉 앞서 언급한 무수익자산이라는 오명에서 벗어나게 되는 것이다. 물론 초저금리, 마이너스 실질금리가 아주 오래 지속된다고 해도 기본적으로 미국채에 대한 투자수요는 늘 존재할 것이다. 투자자라면 이 점을 꼭 알아둘 필요가 있다.

- 10 -
기관 투자자는
파생금융상품을 어떻게 활용할까?

현물대용 포지션 구축

개인 투자자들은 파생금융상품을 주가지수선물이나 거래소 옵션처럼 몇 배나 몇십 배의 레버리지가 가능해 매우 위험한 고수익 상품 정도로 인식하는 경향이 강하다. 거래소 상품이다 보니 주식처럼 유동성이 높고 거래 상대방 리스크처럼 번잡하게 고려해야 할 요소도 별로 없어 거래 자체가 어렵게 느껴지진 않는다. 다만 상품의 구조가 복잡해서 상품의 수익이나 위험 흐름을 파악하기 어렵다는 인식이 많다.

기관 투자자들은 어떨까? 기관 투자자도 파생금융상품이 고수익·고위험 상품이고 복잡하다는 인식은 개인 투자자와 크게 다르지 않다. 그러나 주로 활용하는 상품의 종류와 목적은 많이 다르다. 결론적으로 말하면 기관 투자자들이 파생금융상품을 활용하는 목적은 크게 세 가지, 현물대용 포지션 구축, 리스크 헤지 그리고 수익 추구이다. 물론 개인 투자자들처럼 '레버리지를 통한 단기적 매매차익의 극대화'도 추구하지만 주된 목적은 아니다[32]. 또한 기관 투자자들이 주로 활용하는 파생상품은 개인 투자자들이 주로 사용하는 장내거래상품이 아니라 장외거래상품이다. 거래소에서 거래만 하면 되는 거래소 상품이 아니라 일일이 거래상대방을 찾아 계약을 맺고, 여기에 근거해 당사자 간 거래를 하는 시스템이다. 사실 일일 거래량 등을 보았을 때 장외파생상품거래가 더 많고, 상품의 종류 또한 얼마든지 다양하게 만들 수 있어 훨씬 더 광범위하다. 파생상품 중에 스왑, 옵션 등이 장외 상품, 선물이 장내 상품의 대표 주자인 것만 보아도 장외상품 쪽이 훨씬 다양하리라 짐작할 수 있다.

그럼 이제 기관 투자자들의 파생금융상품 활용이 어떻게 다루어지는지 하나씩 살펴보자. 먼저 현물대용 포지션 구축이다. 시장상황 변화에 대응하여 신속히 포지션을 구축할 필요가 있을 때 파생금융상품의 최대 장점인 신속성, 저렴한 거래비용 등의 이점을 살릴 수 있다. 금리선물, 금리스왑이 대표적인데, 보통 금리하락이 예상될 경우 선물매입, 스왑매입(고정금리 수취), 금리상승이 예상될 경우 선물매도, 스왑매도(고정금리 매도) 전략을 취한다. 대체로 전체 현물 포트폴리오는 그대로 유지하면서 일부 캐쉬(cash)를 파생상품에 투자하여 시장 대응 포지션(전술포지션)을 구축하는 경우가 많은데, 이 경우 파생상품을 활용한 포지션은 시장 전망에 따라 짧은 시계를 가지고 기민히 조정한다.

32　특히 금융위기 이후 투자은행들이 자기자본으로 위험한 매매를 못하도록 금지하는 규제법안(볼커룰)이 시행됨에 따라 기관 투자자의 단기차익 목적 파생거래가 크게 줄어들었다.

또한 단순매매가 아닌 교체매매의 경우에도 파생상품이 자주 이용된다. 예를 들어 채권 커브전략의 경우 장기물보다 단기물이 성과가 더 좋을 것 같으면 듀레이션은 그대로 두고 장기매각-단기매입 포지션(bull steepen) 전략을 취할 수 있다. 이때 장기매각보다 단기매입물량이 훨씬 많게 되므로(10년물 매각-2년물 매입의 경우 약 4배) 현금이 부족할 가능성이 매우 높고 따라서 현물 대신 파생상품(금리선물, 스왑)을 이용하여 커브 포지션을 구축한다.

한편 신용 익스포져를 복제하는 경우에도 파생금융상품이 활용된다. 보통 회사채 등 신용채권은 발행물량이 적어 대규모 매입이 어려운 경우가 많다. 이때 신용채권과 거의 유사한 현금흐름을 가져오는 파생상품을 활용하여 유사 포트폴리오를 구축하는데, CDS(Credit Default Swap), TRS(Total Return Swap) 등 신용파생상품이 많이 활용된다. 특히 TRS는 금리스왑과 CDS의 특성을 모두 갖춘 파생상품으로 TRS 매입자(receiver)가 기초자산의 수익흐름(쿠폰+평가손익)을 수취하는 대신 TRS 매도자(payer)에게 변동금리(libor+spread)를 지급하고 디폴트 시 손실을 부담(protection sell)하는 구조[33]이다. 금리스왑도 라이보 수준의 신용 익스포져를 갖는 것과 동일하므로 해당 만기의 신용 익스포져를 복제하는 것으로 볼 수 있다. 그러나 이 경우는 스왑금리와 회사채 수익률 간 격차, 즉 베이시스 리스크를 부담해야 한다.

---

33 현금흐름 측면에서 보면 'TRS 매입(receive total return) = CDS 매도 + 국채 매입' 등식이 성립한다.

리스크 헤지

다음은 리스크 헤지이다. 규모가 큰 자산을 펀드 형태로 보유할 수밖에 없는 기관 투자자 입장에서는 보유자산의 리스크를 어떻게 하면 효과적으로 헤지할 수 있을까가 최대 관건 중 하나다. 이때 파생금융상품이 좋은 헤지 수단이 될 수 있다. 그 이유는 어떤 식으로든 나의 필요에 맞추어 수익흐름(pay off)을 만들 수 있고[34], 현물거래에 비해 거래비용도 훨씬 저렴하며, 포트폴리오 구성을 그대로 두고도 효과적인 리스크 헤지가 가능하여 현물 포트폴리오를 군이 조정할 필요가 없다는 점 등 여러 장점이 있기 때문이다. 여기서는 기관 투자자들이 많이 이용하는 일반적인 리스크 헤지 파생 활용을 소개하려고 한다. 개인 투자자들도 활용할 수 있는 상품들이 많이 있을 것 같다.

기관의 성격에 따라 다르지만 수시 자금 수요에 대응하기 위해 일정 현금흐름을 만들 수밖에 없는[35] 속성상 기관 투자자는 대부분 보유자산의 상당 부분을 채권에 투자한다. 채권이 주력이다 보니 금리선물, 금리스왑 등 금리파생상품을 많이 활용한다. 현물채권 이상으로 거래물량이 많고 신속하게 거래할 수 있으며 거래 절차가 간편한 금리선

---

34 파생금융상품에는 선물 같은 거래소 상품도 있지만 스왑, 옵션 같은 장외상품이 대부분이어서 투자수요에 맞는 다양한 상품이 개발되고 있고, 같은 상품이라도 거래당사자의 필요에 따라 조건을 달리 계약하면 되기 때문에 투자자의 기호에 맞는 맞춤형 투자에 유리하다.
35 리얼머니의 주류를 이루는 보험, 연금의 경우 각각 수시로 보험금, 연금 등을 지급하기 위해 안정적인 현금흐름이 필요하며 이를 위해 부채 대부분을 장단기 채권으로 운용한다.

물은 시장이 급변할 때 포트폴리오 듀레이션을 조정(하락 전망 시 확대, 상승 전망 시 축소)하는 목적으로 자주 이용된다. 개인 투자자들에게 금리선물은 매우 익숙한 파생금융상품이지만 금리스왑은 그다지 익숙하지 않은데, 그건 금리선물은 장내(거래소) 상품인 반면 금리스왑은 장외상품이기 때문이다. 기관 투자자들은 계약에서 거래, 결제를 아우르는 전 프로세스를 한번 세팅해놓으면 그만이므로 장외거래도 매우 손쉽게 거래할 수 있다. 그러나 개인 투자자에겐 거래 상대방을 찾아 계약(ISDA표준계약)을 맺고 실제 거래와 결제에 이르기까지 장외거래의 비용이 너무 크므로 장외파생 거래를 하려면 증권사 등 기관 투자자를 통할 수밖에 없다.

금리선물과 금리스왑은 모두 시장 리스크 헤지 상품이다. 특히 중앙은행의 기준금리 인상 등으로 금리가 오를 가능성이 클 때 가만히 있으면 채권포트폴리오의 자본손실이 예상되므로 일정 포지션에 대해 금리선물 또는 금리스왑 매도거래[36]를 취해 손실을 만회할 수 있다. 특히 라이보금리 기준으로 거래되는 금리스왑은 AA등급 수준의 회사채를 사고파는 것과 수익 흐름이 비슷하여 신용 리스크까지 헤지되는 효과가 있다. 즉 5년물 금리스왑 매도 포지션은 AA등급 5년물 회사채를 매도하는 것과 비슷한 효과가 있는 것이다. 만약 내가 회사채를 보유

---

36 금리선물은 쉽게 이해가 되는데 금리스왑 매도가 어떻게 채권매도와 같은 효과가 있는지 궁금할 수 있다. 금리스왑 매도 포지션은 매달 또는 매분기 변동금리(보통 3개월)를 받고 고정금리(해당만기, 5년 스왑이면 5년물 고정금리)를 주는 거래이다. 따라서 현금흐름은 약간의 차이는 있지만 5년물 현물채권을 매도하는 포지션과 거의 유사하다.

하고 있는데 다른 건 놔두고 회사채의 스프레드(회사채수익률-국채수익률)만 헤지하고 싶다면 '스프레드 락(spread lock)' 거래를 할 수도 있다. 예를 들어 5년물 회사채 스프레드 락을 매입하면 동 회사채의 스프레드가 아무리 확대되어도 계약 당시의 스프레드로 언제든 사고팔 수 있어 스프레드 확대 위험으로부터 자유로워질 수 있다.

이미 회사채 등 신용상품을 보유하고 있다면 보유 중인 회사채 발행기업이 부도가 나는 등의 신용위험을 안고 있다고 할 수 있다. 이런 신용 리스크를 헤지하기 위하여 가장 자주 쓰이는 상품이 투자 대상이 디폴트될 위험을 사고파는 크레딧 디폴트 스왑(CDS)이다. CDS를 매입하면 프리미엄을 지급하는 대신 기초자산이 디폴트될 경우 보상받을 수 있고(protection buy), 반대로 CDS를 매도하면 프리미엄을 수취하는 대신 기초자산이 디폴트될 경우 보상을 해 주어야 한다(protection sell). 만약 내가 5년 만기 A등급 회사채를 보유하고 있는 상태에서 같은 회사채를 기초자산으로 하는 CDS를 매입한다면 해당 신용 리스크를 거의 완벽하게 헤지할 수 있다.

모기지를 담보로 금융기관이 발행한 채권인 MBS에 투자하고 있는 경우엔 조기상환 리스크가 존재한다. MBS는 주택담보대출(모기지)을 담보로 발행하기 때문에 금리가 크게 떨어져 차입자들이 모기지를 더 낮은 금리로 차환하려는 수요가 커지게 되면 아무래도 만기 전 상환이 늘고 짧은 신규대출이 늘면서 모기지 자체의 만기도 줄어들게 된다.

이때 모기지를 담보로 한 MBS의 듀레이션도 자동으로 짧아지게[37] 되는데 이를 조기상환 리스크라 한다. 이처럼 나도 모르게 내가 가진 채권(MBS)의 만기가 짧아지는 리스크를 피하기 위해 금리선물 매입을 통해 신속히 듀레이션을 늘리는 식으로 헤지하는 경우가 많고 때로는 CMO[38] 등 MBS 관련 파생상품을 활용하기도 한다.

MBS는 이처럼 기초자산인 모기지 차입자들이 언제든 조기 상환할 수 있는 옵션(call option)이 내재된 상품이다. 일반채권의 경우도 발행자에게 언제든 만기 전 상환할 수 있는 콜옵션을 부여하고 대신 발행금리를 높게 책정한(투자자에겐 높은 수익률 제공) 콜러블 채권(callable bond)이 많다. 콜러블 채권의 경우는 변동성 리스크에 노출되어 있다고 볼 수 있는데, 그 이유는 시장 변동성이 높을수록 콜옵션의 가치가 상승하여 이미 '콜옵션 매도'가 내재된 콜러블 채권의 가격을 떨어뜨리기 때문이다. 이 같은 변동성 리스크를 헤지하기 위해 일반적으로 이용되는 파생상품이 스왑션(swaption)이다. 스왑션은 옵션을 스왑하는 구조의 상품으로 변동성이 높을수록 매입자에게 유리한 수익 흐름을 가져다준다. 즉 콜옵션을 매도한 형태인 MBS에 투자하는 동시에

37　MBS 채권이 갖는 이 같은 특성을 '네가티브 컨벡서티(negative convexity)'라 한다. 이는 듀레이션의 기울기(즉 금리가 변할 때 듀레이션이 변하는 정도)가 일반채권의 경우 (+)(positive convexity)값을 갖는 데 반해 MBS는 (−)값을 갖는다는 의미이다.

38　Collateralized Mortgage Obligation. 모기지 풀의 현금흐름을 MBS 투자자의 다양한 선호에 부합하도록 몇몇 트란쉐(tranche)로 나누어 구조화한 상품으로 SEQ, PAC, IO, Floater 등 종류가 다양하다.

스왑션을 매입하면 변동성 위험을 헤지할 수 있다.

한편, 인플레이션 리스크 헤지를 위해서는 많은 투자자가 국채 대신 물가연동채권(inflation linker)에 투자한다. 대표적 물가연동채권이 미국채에 소비자 물가를 연동시킨 TIPs이다. 파생상품으로 TIPs와 유사한 현금흐름을 가져오게 할 수도 있는데 인플레이션 스왑(inflation swap)을 활용하면 된다. 즉 국채를 매입하는 동시에 제로쿠폰 인플레이션 스왑을 매입하면 현금흐름이 TIPs 매입과 동일해진다.

마지막으로 보통 '포트폴리오 보호전략(portfolio protection)'이라 부르는 풋옵션 매입이 있다. 가장 단순하면서도 효과적인 전략으로 나의 손실 하한선(예: 매입가의 ×%)을 정하고 동 하한선을 임계치(striking price)로 하는 풋옵션을 매입하는 것이다. 다만 풋옵션 매입에 드는 비용(지급 프리미엄)을 고려해야 하고 변동성이 심해 추세적 하락보다 평균회귀 성향을 보이는 시장에서는 손실 우려가 있음에 주의해야 한다.

수익 추구

마지막으로 알파수익 추구(alpha seeking)이다. 위에서 언급한 현물 대용 포지션 구축이나 리스크 헤지 목적이 아닌 나머지는 다 수익 추구를 위한 파생상품 활용이라 할 수 있다. 다양한 활용이 있겠지만 크게 i) 글로벌 매크로 전략, ii) 상대가치거래, iii) 수익률 제고 전략

세 가지 유형으로 구분할 수 있다.

먼저 글로벌 매크로(global macro) 전략은 국제금융시장의 거시·금융경제 동향, 중앙은행 등의 정책기조 변화, 지정학적 리스크 등 글로벌 리스크 요인에 대한 정량·정성적 분석 및 전망에 기초하여 투자하는 전략을 총칭한다. 보통 해당 리스크 요인이 가장 크게 영향을 미칠 것으로 예상되는 섹터의 투자비중이나 만기 등을 조정할 때 파생상품을 활용한다. 섹터는 통화, 국가, 상품, 만기 등 모든 영역을 총망라한다. 위에서 설명한 리스크 온/오프 투자전략, 연준의 정책변화 전망에 기초한 투자전략, 경기사이클 변동을 감안한 투자전략 등이 모두이에 해당한다. 글로벌 매크로 투자는 뷰(view)에 근거한 방향성(long/short) 투자인 경우가 많고 투자시계는 대체로 길지 않다.

다음은 상대가치 투자(relative value) 전략이다. 상관관계가 높은 자산 간 가격움직임이 단기적으로 정상수준(fair value)에서 멀어질 때 다시 정상수준으로 회귀할 것을 전제로 저평가된 자산을 매입하고 동시에 고평가된 자산을 매도하는 전략을 말한다. 상대가치거래는 보통 양방향 거래이기 때문에 거래 규모가 크다. 따라서 현물로 거래하다가는 거래비용이 너무 커서 비용을 빼면 차익이 별로 남지 않는다. 이때 거래비용이 싸고 레버리지가 가능하며 신속히 거래할 수 있는 파생상품이 유리하다. 통화간(cross-currency), 국가간(cross-country), 상품간(cross-sector), 만기간(cross-maturity) 등 다양한 분야가 있다. 앞서 말했듯이 상대가치거래의 중요한 전제는 결국 평균으로 돌아가는 평균회귀 성향이 존재한다는 것이다. 그래야 정상가격이 있고 비싸다 싸다 판단을 할 수 있다. 그런데 만약 구조적 변화 등으로 평균회귀가 어렵다면 다른 전략이 필요해진다. 따라서 상대가치거래 전에는 '구조적 변화에 따라 어떤 추세를 가지고 변화하는 것인지'를 반드시 체크하고 만약 그렇다면 상대가치거래는 포기하여야 한다.

마지막으로 수익률 제고(yield pick-up) 전략이다. 수익률 제고에는 다양한 전략이 있는데 소위 '알파 오버레이(alpha overlay)' 또는 '포터블 알파(portable alpha)' 전략이 많이 쓰인다. 이는 선물 등 파생상품을 이용하여 벤치마크 수익률을 따라가는 포지션(베타)을 구축하고 남는 캐쉬로 수익률이 높은 상품에 투자(알파)하는 전략이다. 예를 들어 벤치마크 국채 수익률이 너무 낮아 포트폴리오 일부를 고수익 상품에 투자하고 싶은 경우 일부 현물포지션(국채)을 캐쉬가 거의 필요없는 선물포지션(국채)으로 전환하고 남는 캐쉬로 고수익 회사채에 투자하는 방식이다. 물론 이때 국채선물과 회사채 간에는 신용 리스크 차이에 따른 스프레드 격차가 존재하므로 100% 대체되지는 않는다. 보다 일반적인 수익률제고 투자형태로는 콜러블(callable)이나 레인지어크루얼(range accrual)[39]과 같이 수익률이 높은 옵션부 채권에 투자하는 방법이 있다. 이는 가격이 일정 범위 내에서 움직일 때 효과적으로 수익률을 높이는 전략이 될 수 있다. 그러나 과도한 변동성을 보이는 시

---

[39] 기준 인덱스가 일정 범위 내에서 움직이면 높은 쿠폰을, 범위를 벗어날 경우에는 낮은 쿠폰을 수취하는 구조로 스왑이나 채권 형태로 모두 거래가 가능하다

장이라면 발행기관의 콜옵션 행사에 따라 투자수익률이 형편없이 낮아질 위험도 존재함에 유의하여야 한다.

　파생상품을 이용한 수익률 제고 전략에는 '통화스왑을 이용한 투자'도 있다. 우리에게는 금융위기 때 원화환율 안정에 결정적 영향을 미쳤던 미국과의 통화스왑, 즉 국가 간 통화스왑이 익숙하지만 실제로는 수익률 제고를 위해 투자자 간에 다양한 통화스왑 전략이 활용된다. 통화스왑은 계약 기간 동안 서로 다른 통화표시 원금을 교환하고 해당 이자를 수취하는 구조이다. 예를 들어 지금 달러화 국채(1년물)에 투자하고 있다고 하자. 그런데 외환시장에서 달러화 강세가 심해서 달러화 품귀현상이 있는 상황이라면 내가 가진 달러화 국채를 팔아서 생긴 달러화를 빌려주고 기타통화(예: 엔화)를 받는 통화스왑을 맺은 후 받은 기타통화(엔화)로 그 통화자산(일본 국채)에 투자하는 것만으로도 차익[40]을 얻을 수 있다.

40　이때 차익의 대부분은 달러화 품귀로 인해 비싸진 달러화를 빌려주는 댓가로 받는 프리미엄으로 이를 네가티브 베이시스(negative basis)라 한다. 보통 외환시장에서 어떤 통화의 강세 정도를 측정하거나 전망할 때 참고지표로 많이 이용한다.

PART 04

알아두면 좋은
투자 관련 이슈들

- 1 -
과연 미국 국채시장은 안전할까?

　보통 세계에서 가장 안전한 자산을 꼽을 때 금 다음으로 많이 선호하는 자산이 미국 국채이다. 미국 국채시장은 1790년부터 시작된, 세계에서 가장 안전하기로 선호되는 전통적인 자산시장이다. 미국 정부가 발행하는 국채이니 미국이 망하지 않는 한 안전하지 않을 이유가 없는 가장 안전한 자산이 맞다. 그러나 좀 더 엄밀히 말해 안전성의 기준을 '디폴트될 위험'이라 정의한다면 맞는 말이지만, 그 기준을 '가격변동위험'이라고 한다면 틀린 말이다. 예전에는 가격변동위험 측면에서도 미국 국채 투자는 비교적 안전했다. 왜냐하면 가장 안전한 무위험자산으로 언제나 풍부한 수요가 있어 가격이 급락할 위험을 제어해주는 효과가 늘 있었기 때문이다.

　그렇다면 언제부터 미국 국채가 안전하다는 인식에 균열이 가기 시작한 걸까? 바로 2015년 '긴축 발작(taper tantrum)'이 일어난 때부터이다. 당시 버냉키 연준 의장이 시장에 예고도 없이 갑자기 양적완화 규모를 줄여나가겠다고 공표하면서 금리가 급등하고 주가가 폭락하는 시장 발작이 일어났다. 이때 미국채가격이 급락하는 급충격(flash crash)이 발생했는데, 당시 연준의 긴급 유동성 공급과 시장 소통 강화로 서서히 충격이 가시긴 했지만, 이때부터 미 국채도 여느 다른 자산처럼 언제든 외부 충격으로 가격이 폭락하는 사태가 올 수 있다는 시장 인식이 생기기 시작했다.

그다음 사례는 코로나 초기 전 세계가 공포에 휩싸이면서 자산을 투매하기 시작했던 2020년 3월이다. 이 당시에도 안전자산이라 여겼던 미국 국채가격이 폭락하는 사태가 벌어졌는데, 심지어 국채를 시장에서 팔고 싶어도 사주는 주체가 없어 팔지 못하는, 엄청난 거래비용을 지급해야 간신히 팔 수 있는 매우 비정상적인 상황이 연출되었다. 결국 연준이 거의 무한대에 가까운 단기자금 공급을 시장에 약속한 뒤에야 가까스로 국채시장이 진정되었는데, 이때도 글로벌 투자자들은 미국채가 더 이상 안전하지 않다는 사실을 다시 한번 확인할 수 있었다.

그렇다면 미국채 시장에서의 이 같은 '가격급락현상' 또는 '급작스러운 거래위축현상'이 왜 이리 자주 발생하게 된 걸까? 왜 국채시장은 더 이상 전 세계에서 가장 효율적인 시장으로 기능하지 않게 된 것일까? 여러 가지 이유가 있겠지만 가장 큰 이유는 시장에서 국채거래를 주로 하던 큰손들이 점차 사라지고 무수히 많은 작은 손들이 이를 대체하게 되었기 때문이다. 여기서 큰손이란 미국채 거래를 전문으로 하는 프라이머리 딜러(PD)를 말한다. PD는 보통 대형 투자은행들로 구성되는데 일정 요건을 갖추어 재무부로부터 승인을 얻은 기관들이다. 그런데 금융위기 이후 규제가 강화되면서 이들 PD가 국채를 자산으로 보유할 경우 보유비용이 커지게 되었다. 즉, 국채를 많이 보유할수록 자산규모가 커져 자본비율이 낮아지므로 PD 입장에선 동 비율을 높이기 위해 국채보유를 줄이려는 유인이 발생하고, 이에 따라 국채시장의 큰손 노릇을 포기하는 경우가 많아진 것이다.

그 틈을 파고든 작은 손들이 바로 시스템이나 일정 준칙에 따른 단타매매를 주로 하는 PTF(Principle Trading Firms)들이다. 이들 기관은 단기차익을 목적으로 하기 때문에 정상적인 상황에서는 시장의 효율성을 높여주는 긍정적 기능을 하기도 하지만 2015(taper tantrum), 2020년(코로나)과 같이 외부 충격이 발생하는 경우에는 오히려 시장을 악화시키는 요인이 된다. 즉 투매매를 가속화시키는 동력으로 작용하는 것이다. 지금 미 국채시장에서 이들 PTF가 전체 거래 중 약 50~60%를 차지하는 것으로 알려져 있다. PTF 외에도 헤지펀드들이 주체가 되어 거래되는 무수한 파생거래 포지션들이 미국채 시장의 불안정성을 더욱더 높이기도 한다. 문제는 규제의 적용을 적게 받는 헤지펀드의 특성상 정부의 규제로는 이 같은 불안정성을 해소하기 어렵다는 것이다. 설령 규제가 부과된다 해도 단기차익이 주된 목적인 헤지펀드의 영업활동을 통제하는 것은 거의 불가능에 가깝다.

지금까지 말한 미국 국채시장의 구조적 변화, 즉 전통적 PD의 후퇴와 단기차익 위주의 PTF 및 헤지펀드의 약진은 단기간에 해결되기도 어렵고 장기적으로 해결될 것 같지도 않은, 투자자 입장에서는 매우 의미 있는 구조적 변화이다. 미국 국채의 디폴트 위험은 앞으로도 계속 낮게 유지되겠지만 가격 급변동위험은 언제 어떤 충격에 의해 어떤 방식으로 발생할지 모르는 매우 큰 리스크 요인이 이미 되어버렸다. 모든 자산시장의 기준상품이 되는 미국채시장[41]의 움직임은 기본적으로 늘 주의 깊게 살펴보아야 한다.

---

41 미 국채시장은 워낙 오래된 시장이고 수요가 넘쳐나는 발행자(미국 정부) 우위 시장이다 보니, 투명성 등 면에서 여타 주식시장에 못 미치는 부분이 많다. 아직 총거래 내역이 실시간으로 공개되지 않고 있고, 일부 수요자에 대하여 부분적으로만 공개되고 있다.

- 2 -
회사채 투자 시
신용 사이클의 급강하 위험에 유의

　보통 신용상품 하면 발행기관 또는 기초자산의 신용을 기반으로 만들어진 금융상품을 통칭한다. 대표적 신용상품이 회사채이며 그 밖에 다양한 구조화상품(CDO, CLO, CMO 등 Credit의 C가 포함되는 상품)들이 포함된다. 넓은 의미로 주식도 신용상품이라고 분류하는 사람도 있지만 엄밀하게 보면 주식은 기업의 신용(디폴트 위험)뿐 아니라 다양한 다른 요인들(성장성, 가치, 규모, 기업 및 자본구조 등)에 좌우되므로 보통 신용상품으로 분류하지는 않는다.

　회사채 투자성과가 좋아지려면 해당 기업의 신용 펀더멘털이 좋아야 한다. 금융위기 이후처럼 저금리와 양적완화가 장기화되는 시기에는 회사채의 투자성과가 좋을 수밖에 없다. 왜냐하면 저금리 지속으로 금리상승 부담이 적은 데다, 경기가 반등하면서 대상기업의 신용도도 제고되는 시너지 효과가 있기 때문이다. 보통 경기사이클에서는 경기가 회복되면서 금리가 상승(채권가격 하락)하는 경우가 많아 두 가지 측면이 모두 유리하게 작용하기 어려운데, 금융위기 이후는 경기가 회복되는 중에도 금리가 오랜 기간 낮은 수준에 머물러 있었기 때문에 이례적으로 회사채에 유리한 시기였다고 볼 수 있다.

이처럼 많은 여건이 회사채에 유리한 시기에는 회사채 수요가 많아 고평가되기 쉽고, 기업들의 회사채 발행 증가로 공급과잉이 될 수 있어 회사채의 가격급락위험이 늘 존재한다. 이런 상황에서는 경기회복에 따른 중앙은행의 금리인상과 같은 금융긴축이 현실화될 경우 신용 사이클이 급속히 냉각되고 회사채시장이 급격히 위축될 위험이 항상 존재한다. 즉 낮은 금리로 회사채를 발행하긴 아예 어렵고 아주 높은 금리로 발행해야 간신히 소화될 수 있는 상황이 오는 것이다. 여기에 금융긴축이 경기침체로 이어져 기업활동이 크게 둔화되는 경우에는 경기사이클과 신용사이클의 동시 위축이 회사채 시장을 더욱 냉각시킬 수 있다. 채권 중에서도 회사채, 회사채 중에서도 하이일드 채권에 투자 중인 투자자라면 특히 조심하여야 할 때이다.

- 3 -
중국 투자 시
중국 고유의 리스크 요인 분석이 가장 중요

중국은 금융위기 이후에도 전 세계에서 거의 유일하게 10%에 가까운 성장을 보여온 국가이다. 앞으로 미국을 넘어 GDP 기준 전 세계 1위 대국으로 부상할 것이라는 전망도 있다. 그만큼 성장동력이 충분하다는 의미로 투자자 입장에서 매력적인 시장임엔 틀림없다.

그런 중국이 팬데믹을 거치면서 조금씩 흔들리고 있다. 2021년 하반기 국가경영 키워드로 '공동부유(共同富裕)'가 제창되면서 미국에 상장된 자국 빅테크 기업들을 제재하기 시작했고, 일부 리딩기업이 주도하는 성장보다는 이들의 독점적 폐해가 더 크다는 인식 아래 성장보다는 분배를 중시하는 쪽으로 경제 프레임이 변화하고 있다. 물론 장기적인 지속 가능 성장을 위해 불가피한 구조조정이라는 견해도 있지만 어떻든 그간의 고성장에 브레이크가 걸리는 것만큼은 분명하다.

이렇듯 중국의 성장이 빠르게 둔화될 것이란 전망이 많아지면서 혹시나 중국도 과거 일본의 전철을 밟는 건 아닌가 하는 의문도 조금씩

고개를 드는데, 최근 이를 다룬 글[10]이 있어 간략히 소개해 본다. 글의 결론은 중국은 일본과는 다르다는 것이다. 즉 조정은 있지만 90년대 일본처럼 급격한 장기침체로 이어지지는 않을 것이란 주장이다. 그 배경으로는 첫째, 지금의 중국경제와 당시 일본경제의 수준이 다르다는 것이다. 시가 기준으로 당시 일본의 1인당 GDP는 미국을 능가하는 세계 1위 수준이었고 구매력 평가 기준으로도 미국의 4/5에 달했던 반면 지금의 중국은 1인당 GDP가 미국의 1/5, 구매력 기준으로도 1/4 수준에 불과하다는 것이다. 즉 중국의 국민소득은 앞으로도 늘어날 여력이 충분한 만큼 급격한 둔화가 계속되지는 않을 것이란 전망이다.

둘째는 정책 차이다. 당시 일본은 1985년 플라자 합의를 통해 엔화의 평가절상에 합의하였고 결과적으로 수출둔화와 경기침체로 이어져 저금리가 장기화되는 단초가 되었다. 저금리가 결국은 투자과잉을 불러와 자산가격 버블을 촉발하였고 버블 붕괴가 장기침체로 이어지는 악순환이 계속되었다. 그러나 중국은 미국과 날을 세우면서 자신들에 불리한 일방적인 국제 합의는 거부할 것이 분명하고, 거시정책 면에서도 거시건전성을 높이는 방향으로 경제 불균형을 조절해나가고 있다. 따라서 일본처럼 급격한 경착륙과 장기침체로 이어질 가능성은 크지 않다는 것이다.

그러나 인구구조 측면에서는 유사점이 있다. 즉 지금의 중국과 당시 일본 모두 경제활동인구가 정점을 지나 점차 꺾이기 시작했다는 점에서 공통된다. 이 부분이 중국경제의 성장동력을 점차 잃게 할 것이라는 전망을 뒷받침한다.

중국경제와 일본경제는 많은 면에서 차이가 커서 중국이 일본의 전철을 밟지는 않을 것이란 이 글의 기본 논리에 필자도 동의한다. 조금만 버블 우려가 있어도, 조금만 경기가 꺾여도 과거 일본처럼 될 것이라고 경고하는 주장이 등장하는 것도 문제다. 90년대 일본경제의 특수성은 비슷하게 복제하려 해도 어려울 만큼 매우 특수해서 지금의 중국뿐 아니라 세계 어느 경제도 이때와 단순 비교하는 것은 무리가 있다. 따라서 필자의 생각엔 지금의 중국으로부터 과거의 일본과 비슷한 요인들을 찾아내어 그 위험성을 경고하기보다는 앞으로 어떻게 전개될지 모를 중국 고유의 위험요인들을 집중적으로 찾아내어 그 위험성을 경고하는 것이 더 맞는 방향이라고 생각한다.

중국경제 전반에 팽배한 과도한 레버리지, 부동산 부문의 과잉투자, 지방정부의 거대한 잠재적 부실, 집계되지 않는 그림자 금융부실 등 많은 리스크 요인들을 보면 과거 일본보다 훨씬 위험한 요인들이 많은 것도 사실이다. 이렇게 많은 리스크에도 불구하고 중국에 투자하는 수많은 글로벌 투자자들을 안심시키는 단 한 가지 팩터가 있는데, 그건 바로 세계 어느 나라도 넘보지 못할 중국 정부의 강력한 통제력과 이에 기반한 위기 대응능력이다. 그러나 이 부분도 뒤집어보면 그만큼 정부의 개입으로 시장이 크게 왜곡되어 있다는 방증이므로 매우 큰 잠재적 리스크라고 볼 수도 있다. 중국경제가 언제까지 정부 주도에 의해 쉽게 통제될 수 있을까? 그 누구도 알 수 없다. 미국을 넘어설

만큼 경제 규모가 더 커진다고 하는데, 규모가 커질수록 정부 통제는 더 어려워지고, 그에 따른 잠재적 리스크는 더욱 커질 것이다. 만약 어떤 계기를 통해 더 이상 중국 정부가 시장을 통제하기 어렵다는 인식이 국제금융시장에 퍼지기라도 하는 날에는 그동안 잠재되었던 위험이 한꺼번에 터져 수면 위로 떠오를지도 모른다. 중국 투자가 매력적인 건 맞지만, 이런 극단적 위험에 대한 경계를 늦추지 말고 늘 신중하게, 장기적이고 전략적으로 접근할 필요가 있다.

- 4 -
신흥국 투자 시
반드시 고려해야 할 점

　해외투자의 주된 투자처를 미국, 유럽 등 선진국으로 하는 이유는 선진국의 금융시장이 훨씬 발달되어 보다 다양한 상품에 언제든지 투자 또는 회수할 수 있기 때문이다. 이에 비해 신흥국 투자는 상품이 제한적이고 투자자금의 회수에 제한이 있는 등 늘 리스크가 존재한다. 그런데도 신흥국 투자는 높은 수익률이라는 매력이 있어 어느 정도는 신흥국 포지션을 포트폴리오에 포함시키는 게 일반적인 투자패턴이다. 여기서는 신흥국 투자 시 고려하여야 할 점을 몇 가지 짚어본다.

　역사적으로 선진국(DM) 대 신흥국(EM) 투자성과를 비교해 보면, 물론 투자기간과 투자대상국에 따라 결과는 얼마든지 달라질 수 있지만, 대체로 채권은 신흥국이 선진국보다, 주식은 선진국이 신흥국보다 성과가 좋게 나타난다. 이는 채권은 수익의 대부분을 차지하는 이자수입이 신흥국 채권이 더 높기 때문이며, 주식은 기업성과가 월등히 양호한 글로벌 기업들이 대부분 선진국 기업이기 때문이다. 포트폴리오 전체로는 평균적으로 신흥국 투자가 선진국 투자 성과에 미치지 못하는 경우가 많은데, 이는 신흥국 투자의 높은 성과변동성 때문이다. 다시 말해 시장 호황기에 신흥국 투자로 벌 수 있는 돈이 시장불안기에 신흥국 투자로 잃을 수 있는 돈을 밑돈다는 이야기다. 즉 시장 호황기와 불황기 간에 신흥국 투자성과의 비대칭성이 존재한다.

신흥국 투자가 불리할 수 있는 대표적인 상황은 달러의 지속적 강세기이다. 연준이 공격적으로 금리인상을 감행해 미국 금리가 상승하고 달러가 지속적으로 강세를 보이는 경우, 신흥국으로부터의 자금이탈이 심해지면서 신흥국 투자가 큰 타격을 받을 수 있다. 이때는 신흥국 투자자산의 자체 수익률이 부진해지는 이유도 있지만 신흥국 환율이 평가절하됨에 따른 환차손이 크게 문제가 될 수 있다. 신흥국 투자가 불리할 수 있는 또 다른 상황은 전 세계적인 자국 보호주의의 강화로 선진국들의 신흥국 투자 자체가 줄어드는 상황이다. 트럼프 정부 이후 거세어진 보호주의 흐름은 리쇼어링(re-shoring) 강화 등으로 신흥국 투자에 불리한 투자환경을 조성하고 있다.

결론적으로 글로벌 경기회복 및 위험자산 선호 강화 시에는 수익성 제고 측면에서 신흥국 투자가 유리할 수 있다. 그러나 신흥국 시장의 높은 변동성으로 인해 피하기 어려운 호황기/불안기간 성과 비대칭성이 평균적으로 신흥국 투자를 불리하게 할 확률이 상당히 높다는 점은 늘 유념해야 한다. 따라서 신흥국 투자에 있어서는 언제 들어가야 하는지 엔트리 시점을 잘 잡는 것이 매우 중요하다. 선진국은 탄탄한 펀더멘털을 기반으로 시장복원력이 높아 설령 엔트리 시점을 잘못 잡더라도 언젠가는 회복할 여력이 크다. 그러나 신흥국은 시장복원력이 낮아 충격의 영향이 오래 지속되기 쉽고, 따라서 엔트리 시점의 적절성 여부가 투자성과의 거의 대부분을 결정한다. 특히 글로벌 불확실성이 큰 상황에서 잠시 위험자산 선호가 높아진다고 해서 단기성과를 목적으로 신흥국 투자에 뛰어드는 것은 매우 위험하다. 다만 신흥국 투자의 불안정성이 대부분 환(FX) 변동성에 기인하는 만큼 달러 약세 사이클로의 전환이 가시화되는 시기에는 신흥국 투자 확대를 신중히 고려하는 것도 좋은 전략이 될 수 있다.

한편, 이제 신흥국이라고 하기 어려울 만큼 거대해진 중국 투자는 상대적으로 높은 성장, 해외투자자금 유입 증대, 위안화 위상 확대 등 향후 국제금융시장에서 중요 투자대상국으로 발전될 가능성이 높은 만큼 중장기 시계에서 전략적으로 접근할 필요가 있다.

- 5 -
달러 강세가
투자 전반에 미치는 영향은 어떨까?

　바야흐로 달러 강세의 시대이다. 2020년 코로나 발발로 안전자산인 달러화 수요가 높아지면서 달러화 강세가 잠시 진행되는가 싶더니, 2021년에서 22으로 넘어오며 코로나 이슈에서 인플레이션 이슈로 탈바꿈하면서 강세 추세가 가속화되었다. 2021년 하반기 전 세계 공급망 교란에 의한 유가 및 원자재 가격 상승으로 공급충격 인플레이션이 부각되더니, 코로나 완화에 따른 수요회복, 임금 상승압력 확대 등 기조적이고 전방위적인 인플레이션이 성큼 다가왔다. 여기에 러시아·우크라이나 전쟁, 중국의 봉쇄 조치 등으로 공급충격이 더해지고 임금-물가 나선효과(wage-price spiral)까지 겹치면서 급기야 연준마저 고강도 긴축으로 돌아선 게 결정적 요인이 되었다. 연준의 배신에 깜짝 놀란 전 세계가 따라서 금리를 올리지만 이미 기울어진 금리 격차에 미국으로의 투자자금 유입이 계속되면서 초달러 강세의 시대에 진입했다.

　1999년 유로화 출범 후 20년 만에 유로/달러 패러티(1:1교환)가 무너지고, 엔화가 끝 모를 추락을 계속하는 등 달러화가 기조적인 강세 흐름을 타게 된 건 이처럼 불과 1년 만에 벌어진 일들이다. 환율 전망처럼 맞히기 어렵고 변화무쌍한 것은 없다고 하는데, 이처럼 전 세계에 거의 이견이 없을 정도로 달러화가 한 방향으로 쏠렸던 것도 참으로 드문 일이다. 그렇게 드문 현상이 현실이 된 건 인플레이션, 특히 미국의 인플레이션이 단기에 끝나기 어렵고 연준의 긴축이 상당 기간 지속될 수 있다는 예상과 여기에 유럽, 일본, 중국 등 주요국이 경기 둔화 우려 때문에 금리를 빠르게 올리기 어렵다는 제약과 전 세계 공급망 충격이 쉽사리 해소되기 어렵다는 전망 등이 작용한 탓이다.

하지만 늘 한 가지 요인만으로는 설명이 어렵고 현재보다는 미래에 대한 전망에 좌지우지되는 환(FX) 시장의 속성상 달러 강세가 꺾일 요인들 또한 시장에는 즐비하다. 먼저 미국의 인플레이션이 정점을 지나 하락 흐름을 탔다는 사실이 확인되는 순간 금리인상 기대가 꺾이면서 달러가 약해질 수 있다. 다만 정점을 지나더라도 당분간은 공급충격 지속 등으로 높은 인플레이션이 계속될 것이란 기대가 여전하다면 뚜렷한 약세 반전이 어려울 수는 있다. 다음은 금리상승 부담 등으로 경기가 침체로 접어드는 스태그플레이션 상황이다. 이 경우 연준이 긴축을 지속하기 어렵게 되고 금리가 하락하면서 달러도 약세로 돌아설 수 있다. 다만 이 경우에도 안전자산으로서의 달러 수요는 남아 있을 것이다. 또한 전 세계적인 공급망 교란이 완화될 경우도 인플레이션 압력을 낮추어 달러화 약세 반전을 이끌 수 있다. 러시아-우크라이나 전쟁 종식 등이 더해진다면 약세 흐름이 더 힘을 받을 것이다.

이처럼 달러화 강세를 뒷받침하는 요인과 약세 전환요인이 혼재하고 있는 상황에서 달러화 강세 기조하에서 투자전략은 어떻게 가져가는 것이 좋을지 한번 살펴보고자 한다.

먼저 너무나 당연한 말이지만 포트폴리오 내 달러화 자산 비중을 높일 필요가 있다. 투자에 있어 강세 통화자산의 비중을 높게 가져가는 것은 기본 전략에 해당한다. 달러화 자산의 비중을 높여가면서 ETF 등을 이용해 달러화 자산 내 상품구성을 다양하게 가져가는 것도 방법이다. 달러화 자산 비중 확대에 있어서는 특히 강달러 기조가 ⅰ) 위기 등에 따른 안전자산 선호 때문인지, ⅱ) 통화긴축에 의한 금리상승(미국-여타국간 금리격차 확대)으로 투자자금 유입이 심화된 데 따른 것인지를 잘 구분할 필요가 있다. 만약 ⅰ) 안전자산 선호에 따른 강달러라면 고위험자산인 주식보다는 저위험자산인 채권 위주로 매입하는 것이 유리하다. 대체로 안전자산 선호와 금리하락은 동시에 발생하는 경우가 많으므로 채권매입에 따른 자본이득(채권가격 상승)까지 노려볼 수 있기 때문이다. 채권은 투기등급(AA이하) 하이일드채권보다는 투자등급(AAA이상) 선순위 우량채, 발행 규모가 커 유동성이 풍부한 고유동성 채권 위주로, 주식은 선진국 우량주 위주로 매입을 권한다. 한편 강달러가 ⅱ) 금리격차에 따른 투자자금 유입에 주로 기인하는 상황이라면 금리상승으로 자본손실(채권가격 하락) 위험이 큰 채권보다는 주식 위주로 매입하는 것이 좋다. 이 경우는 통화긴축에 따른 금리상승 기대가 높은 상황이므로 미래소득 비중이 높아 금리(할인율)에 민감한 IT 성장주보다는 금리 민감도가 덜한 블루칩, 소비재, 석유 제품류 등이 유리할 수 있다. 채권 내에서는 인플레이션 헤지효과가 큰 인플레이션연계채권(TIPs)이나 조기상환 위험이 줄어듦에 따른 혜택을 기대할 수 있는 모기지채권(MBSs) 등이 유리하다.

투자국별로는 신흥국 투자 비중을 줄여나가야 한다. 달러 강세는 신흥국으로부터 선진국의 자금유출을 통해 신흥국 환율을 절하시킴으로써 신흥국 투자수익률을 떨어뜨린다. 또한 신흥국의 외화(달러)표시 부채의 부담을 높여 재정건전성과 국제신인도를 악화시킴으로써 신흥국 통화 약세를 가속화시킨다. 또한 강달러는 유가나 기타 원자재 가격을 비싸다고 인식하게 함으로써 이들 커머더티 상품의 수요를 줄이는 효과도 있다. 이는 금이나 원유, 구리, 알루미늄 등 원자재의 경우 관행상 달러화 표시로 지급결제가 이루어지는 데 따른 것이다. 달러화가 강세를 보이면 달러화 표시자산 매입을 자국 통화로 지급할 때 더 비싼 값에 구매가 이루어지므로 다른 조건이 동일해도 이들 자산의 가격 상승 요인이 된다. 따라서 강달러는 이들 달러화표시 자산에 대한 국제적인 수요를 위축시킨다. 따라서 신흥국, 그중에서도 교역이나 원자재 의존도가 높은 국가에 대한 투자는 더 신중하여야 한다.

한편 기업 차원에서 강달러는 미국 이외의 지역에서 주로 수입을 올리는 미국기업들의 수익도 악화시킨다. 즉 이들 기업이 해외에서 벌어들이는 수입이 달러화로 환산되어 미 국내로 들어오는 과정에서 달러화표시 수입이 줄어든다. 따라서 미국기업일지라도 해외판매 비중이 큰 글로벌 대기업들에 대한 투자 역시 신중을 기할 필요가 있다.

1985년 플라자합의(인위적 달러화약세 유도)처럼 과거에는 강달러가 미국기업의 수출경쟁력을 약화시키고 다른 나라 기업의 수출경쟁력을 강화시킴으로써 미국경제에 부정적이라는 견해가 많았다. 그러나 전 세계적으로 수입원이 다변화되어 있는 현재의 글로벌기업 체제하에서 이런 논리는 잘 통하지 않는다. 최근에는 오히려 이 같은 상품 수출경로보다는 자본 유출입경로(강달러→투자자금유입→강달러)나 인플레이션 수출경로(강달러→여타국 환율상승→여타국 수입물가 상승)가 더 중요하게 다루어지고 있다.

- 6 -
과연 스태그플레이션이 다시 올까?

　팬데믹의 공포에서 벗어나 정상 복귀의 희망을 보기 시작하면서 가장 우려되는 경제 이슈 중 하나는 '스태그플레이션(stagflation)'이다. 전 세계적으로 1970년대 오일쇼크 이래 경험한 적이 없고, 경제학 교과서에나 나올 법한 그 스태그플레이션이 현실이 될 수 있다는 우려가 이처럼 자주 언론에 등장하는 게 한편으론 신기하기까지 하다. 스태그플레이션은 경기침체와 인플레이션이 동시에 나타나는 매우 이례적인 현상이다. 코로나 충격으로 경기가 둔화된 가운데 경기부양을 위한 시장유동성 공급이 많아지고 수급 불안 등 공급망 충격이 심화되면서 인플레이션 불안이 더해진 데 따른 것이다.

　스태그플레이션이 무서운 것은 대응할 수 있는 정책을 찾기 어렵기 때문이다. 인플레이션을 잡기 위해 금리를 올리면 경기가 더 침체에 빠질 수 있고, 경기를 살리기 위해 완화조치를 취하면 인플레이션을 더 자극하게 되는 딜레마에 빠진다. 따라서 그냥 가만히 있는 무대응이 최고의 전략이라는 말도 있다. 하지만 살인적인 인플레이션에 맞닥뜨리게 되면 무대응 원칙을 지키기 힘들어 정책 대응을 할 수밖에 없는데, 이때 가장 중요한 건 어떤 부작용에도 불구하고 '일관되면서도 끈질긴' 기조를 고수하여야 한다는 것이다. 좋은 예가 1970년대 오일 쇼크로 인한 스태그플레이션이다. 당시 미국, 유럽 등 선진국 중앙은 행의 주도하에 전 세계적으로 긴축과 공급충격 해소라는 일관된 방향 으로 대응한 결과, 위기를 극복할 수 있었다. 반면 곡물과 에너지 충 격으로 일시적으로 물가가 급등했던 2011년에는 ECB의 섣부른 통화 긴축이 경기위축만 더 심하게 하여 유로존 위기로 이어지는 부작용을 낳기도 했다. 당시 공급충격은 연쇄효과(knock-on effect) 없는 일시 적 충격이었음에도 너무 이른 시점에 ECB가 긴축으로 대응한 결과 오 히려 경기침체를 겪은 대표적 실패 사례였다.

따라서 공급 충격, 즉 물량 부족 및 원자재가격 상승에 의한 인플레 이션이 있더라도 이 충격이 스태그플레이션으로 이어질지, 아니면 일 시적 충격에 그칠지를 판단하는 것이 무엇보다 중요하다. 스태그플레 이션으로 이어지려면 공급충격이 연쇄효과를 일으켜 장기간 지속될 것이라는 시장기대가 팽배해져 현재의 물가뿐만 아니라 기대 인플레 이션도 높아지는 악순환이 나타나야 한다. 만약 기대 인플레이션이나 임금 상승률이 안정적이라면 공급충격이 아무리 커도 단기적인 현상 에 그칠 개연성이 높다. 따라서 이 두 변수를 특히 관심 있게 살펴보 아야 한다. 또한 팬데믹 이후처럼 경제 전반의 수요가 회복세에 있는 상황이라면 스태그플레이션 위험이 있다고 속단하긴 어렵다. 스태그 플레이션은 무엇보다 경기가 침체에 빠질 때 쓸 수 있는 말이기 때문 이다.

한편 1970년대와 팬데믹 이후와의 차이점 중 하나는 1970년대는 2차대전 이후 빠른 생산성 증가가 정체기에 접어들 무렵이었던 반면, 팬데믹 이후는 4차산업혁명이 시작되면서 생산성이 향상되기 시작한 시점이라는 점이다. 인플레이션에 대한 중앙은행의 통제능력 역시 70년대와 지금은 확연히 다르다. 70년대에는 중앙은행들이 스스로 인플레이션 통제능력에 대한 자신감이 없었던 반면, 지금은 중앙은행들의 인플레이션 통제능력과 이에 대한 시장의 신뢰 또한 훨씬 높다. 또 하나, 공급충격이 인플레이션으로 연결되려면 공급부족에 따른 임금상승이 이루어져 그 압력에 물가가 따라서 오르는 순환경로가 확실히 작동하여야 한다. 그러나 오랫동안 겪은 저임금하에서 근로자들의 교섭력이 떨어져 있는 지금은 웬만한 공급충격에도 공격적인 임금인상 요구에 관행적 제약이 있는 편이다. 과거 70년대와는 다른 점이다.[11]

한편, 스태그플레이션이나 디플레이션을 판단하기 좋은 또 하나의 지표가 있는데 바로 신용스프레드(credit spread)이다. 경기침체 우려가 큰 경우 실물경제지표 악화가 이를 방증하지만, 동시에 금융지표, 그 가운데 신용위험을 나타내는 신용스프레드도 급격히 확대된다. 따라서 금융시장에서 빠르고 쉽게 확인할 수 있는 신용스프레드를 침체위험을 알리는 판단지표로 활용하는 것도 좋은 방법이다.

- 7 -
만약 스태그플레이션이 온다면
어떤 전략을 쓸까?

만약 스태그플레이션이 정말 현실이 된다면 자산시장은 어떻게 될까? 패닉에 빠져 그냥 넋 놓고 있어야 할까? 투자자들은 이런 상황에서 어떤 투자전략을 써야 할까? 이 세 가지 질문은 스태그플레이션 문제에 따라다니는 어찌 보면 당연한 질문이다.

이 질문에 답하기 위해서는 다양한 유형의 자산수익률이 각각 어느 부문, 어떤 문제에 취약한지를 살펴보아야 한다. 스태그플레이션은 경기와 인플레이션이 동시에 악화되는 상황이다. 따라서 경기침체와 인플레이션에 모두 취약한 '주식'은 부진할 가능성이 매우 높다. 반면 채권의 경우 경기침체로 인한 금리하락(자본이득)이 인플레이션에 의한 금리상승 기대를 어느 정도 상쇄시켜주므로 주식에 비해서는 성과 부진이 덜할 수 있다. 부동산도 경기침체와 인플레이션에 모두 취약하지만 인플레이션에 따른 실물자산 선호가 어느 정도 방패막이 되어준다면 주식보다는 방어 효과가 클 수 있다. 스태그플레이션은 안전자산 선호를 강화시켜 채권 중에서도 국채, 커머더티 중에서도 金의 선호를 높일 수 있다. 역시 안전자산 선호로 외환시장에서는 안전통화인 달러화의 강세가 예상된다. 인플레이션 기대가 높은 상황이므로 물가지수 인덱스에 연동되는 채권 같은 인플레이션 헤지 상품의 인기도 높아진다[42].

스태그플레이션은 경기침체와 인플레이션 중 어느 쪽에 더 무게를 두고 통화정책이 수행되는지에 따라서도 상황이 달리 전개되므로 중앙은행의 통화정책 대응을 세밀히 모니터링할 필요성이 크다. 예를 들어 경기침체 우려에도 불구하고 인플레이션이 더 큰 해악이므로 강력한 통화긴축을 추진하겠다는 중앙은행의 의지(대부분 중앙은행의 제1 목표는 인플레이션 억제에 있다)가 확인된다면, 강력한 통화긴축으로 기대인플레이션이 점차 낮아지는 한편 경기침체는 피하기 어렵게 된다. 이 경우는 생각보다 빨리 경기가 침체되어 금리인하 압력이 커질 수 있고 안전자산 선호가 커질 수 있으므로 주식에 비해 상대적으로 채권의 투자 매력이 크다. 반면 인플레이션은 단기적 현상에 불과하므로 점진적 긴축이 바람직하다고 판단하는 상황이라면 인플레이션을 어느 정도는 허용하겠다는 의미이므로 물가상승 압력이 더 높아지지만, 경기침체 확률은 높지 않을 수 있다. 이때는 금리상승압력이 커지고 위험자산 선호가 살아날 수 있으므로 채권보다는 주식의 투자 매력이 커질

---

42   헤지펀드 브리짓워터 어소시에이트의 CIO Bob Prince는 스태그플레이션하에서 자산별 샤프지수[Sharpe ratio=(펀드수익률−무위험자산수익률)/펀드수익률의 표준편차]를 비교해본 결과 인덱스연동채권(1.0 이상)이 주식(−0.72)이나 주식·채권혼합펀드(−0.70)를 크게 상회하는 것으로 분석하였다.

수 있다.

　종합적으로 말하면, 스태그플레이션 상황이 온다고 해서 모든 자산 가격이 폭락하지는 않는다. 스태그플레이션의 정도와 정책 대응에 따라 스태그플레이션의 각 구성요소, 즉 성장률과 인플레이션에 각각 어느 방향으로, 얼마나 민감하게 반응하는가에 따라 자산별 투자수익률이 달라진다. 결국 성장률과 인플레이션이라는 두 거대한 거시지표를 외생변수로 한 각 자산의 수익률 함수식이 어떻게 변화할지를 최대한 정교하게 예측하는 것이 가장 큰 관건이다.

- 8 -
금리인상 속도와 금리인상 수준 가운데
어느 쪽이 더 중요할까?

저금리 시대에는 '앞으로 금리가 어떻게 될까?' 하는 문제가 최대 이슈 가운데 하나다. 금융위기 이후 너무 오랫동안 저금리 속에 살다 보니 두 자리대 금리가 과연 가능하기나 한 걸까? 하는 의문마저 들었었다. 그런 금리가 본격적 상승 국면에 접어들면서 많은 투자자가 잔뜩 긴장하는 건 당연한 일이다.

그런데 금리가 상승 사이클을 타는 데 있어 잘 살펴보아야 할 또 하나의 이슈가 있다. 그건 앞으로 금리가 '어떤 속도로 얼마나 빨리 오를 것인가?' 하는 이슈와 앞으로 금리가 '과연 어느 수준까지 오를 것인가?' 하는 이슈 두 가지이다. 금리는 사회 전반에 무차별적으로 영향을 미치는 경제변수이고, 물가와 더불어 경제 상황을 가장 집약적으로 보여주는 거시지표이기 때문에 그 영향력이 막강하다. 개인이나 기업이나 자금을 조달하는 주체에겐 자금 부담 그 자체이기 때문에 금리가 오른다는 건 경제활동비용이 오른다는 것이고 그만큼 경제 전체에 충격을 준다. 따라서 금리인상기엔 차입자, 채무자, 자금조달기업 등을 중심으로 경기가 어느 정도 억제될 수밖에 없는데(따라서 경기과열과 인플레이션을 막아준다), 다행인 건 대부분 금리인상기는 스태그플레이션 같은 극히 예외적 상황만 아니라면 대체로 경기가 좋아지는 시기라는 점이다. 따라서 금리인상속도만 잘 통제하면 경제충격을 피하면서 적절히 안정시킬 수 있는 여지가 생긴다.

다시 말해 금리인상 사이클 초반에는 금리인상 그 자체보다 금리인상 속도가 어떤지, 경제주체들이 예측 가능한 범위 내에서 이루어지고 있는지가 가장 중요하다. 이 점에 있어 전 세계 중앙은행들의 일반적인 스탠스는 '올릴 때는 천천히(baby step), 내릴 때는 과감히(big step)'이다. 이유는 시장의 예상을 뛰어넘는 빅스텝은 아무래도 시장에 충격을 주기 때문에 금리인상에 따른 경제충격을 최소화하기 위하여 올릴 때는 점진적인 게 좋고, 반면 금리인하에 따른 충격(경기에 우호적이다)은 클수록 좋은 경우가 많으므로 내릴 때는 과감하게 내리는 게 좋다는 것이다. 코로나 초기 경제회복을 위해 우리나라나 연준 모두 한 번에 50~100bp 충격 인하를 단행했던 것이 좋은 예이다.

그렇다고 올릴 때 빅스텝이 무조건 나쁜 건 아니다. 예상과는 달리 인플레이션이 급격히, 전방위적으로 확산되는 경우에는 빅스텝 또는 자이언트스텝이 반드시 필요하다. 이유는 이런 상황에서는 기대 인플레이션이 너무 빨리 상승하여 고착화되는 것을 막는 일이 그 무엇보다 중요하기 때문이다. 사실 인플레이션 이슈를 다룰 때 가장 중요한 것은 현재 인플레이션이 얼마나 발생했느냐보다는 미래에 인플레이션이 얼마나 진행될지를 경제주체들이 어떻게 예상하느냐 하는 것이다. 즉 기대 인플레이션이 어떻게 형성되느냐가 관건이다. 왜냐하면 모든 경제주체들의 현재 경제행위는 현재 인플레이션보다 미래의 인플레이션 예측을 기초로 이루어지기 때문이다. 예를 들어 모든 경제주체가 앞으로 인플레이션이 더 심해지리라 기대한다면 근로자들은 임금을 올려달라고 시위할 것이고, 기업이나 개인사업자들은 판매가격을 앞다퉈 올리려 할 것이다.

반대로 많은 경제주체들이 지금은 인플레이션이 꽤 높지만 앞으로는 진정될 것으로 예상한다면 이 같은 요구들이 약해지면서 실제로도 인플레이션이 진정될 수 있다. 따라서 급작스럽고 광범위한 인플레이션이 가시화되었다고 판단된다면 더 이상 기대 인플레이션이 높아지지 않도록 빅스텝, 자이언트 스텝, 울트라 스텝 같은 고강도 긴축 충격요법을 쓰는 것이 필요하다. 다만, 이 경우 유의할 점은 중앙은행이 앞으로의 정책을 미리 시그널링하여 경제주체들이 받아들일 준비를 충분히 할 수 있도록 충실히 소통하여야 한다는 점이다. 이처럼 잘 소통된 빅스텝 인상은 경제안정을 이끌 수 있지만, 예견되지 않은 빅스텝 인상은 자산가격 폭락 같은 또 다른 충격을 안겨줄 위험성이 매우 크다는 점을 기억해야 한다.

또 다른 이슈는 금리인상이 어디까지 갈 것인가 하는 문제다. 즉 금리인상 사이클에서 최종금리 수준이 어디까지 이를 것인가 하는 문제이다. 이와 관련해서는 앞으로는 금리인상 사이클에서도 금리가 과거처럼 아주 많이 오르기는 힘들 것이라는 분석이 많다. 그 이유로 글로벌 고령화와 이에 따른 저축유인의 증대를 많이 꼽는다.[12] 4차산업혁명에 따른 기술투자, ESG 전환에 따른 친환경 투자 등 투자가 늘어날 동력이 많아지고 있어 자금조달 비용, 즉 금리를 올리는 힘으로 작용하겠지만, 전 세계 50세 이상 비중이 증가하는 상황(현재 25%→2100년 40%[°])에서 미래 소비를 위해 늘어나는 저축이 금리인하 압력으로 작용하기 때문에 궁극적으로는 금리가 크게 오르기는 어려울 것이라는 분석이다. 다만 한가지 주의해야 할 건 금리가 크게 오르기는 어렵겠지만 한번 오른 금리가 또 쉽게 빠지기도 어려울 수 있다는 것이다. 그 이유는 경제의 구조적 변화와 불확실성이 과거에 비해 커져서 경기사이클이 주기적이지가 않을 확률이 높아졌기 때문이다. 즉 상당히 오랜 기간 저금리, 오랜 기간 고금리와 같은 형태가 될 개연성이 높아졌다.

금리인상 속도와 수준이 어떻게 진행되는지 자세히 살펴보는 것은 투자를 위한 기본요건이다. 개인적으로 말하고 싶은 건, 그간 여러 위기를 겪으면서 연준을 비롯한 중앙은행들의 대응능력이 상당히 업그레이드되었고, 금리인상 속도와 관련한 시장충격을 줄이는 커뮤니케이션 능력과 정책기법이 매우 정교해졌다는 것이다. 따라서 첫 번째 금리인상 속도 이슈는 과거보다는 경제충격을 줄이는 쪽으로 현저히 개선되었다고 말하고 싶다. 두 번째 금리인상 수준 이슈와 관련해서도 비정상적 충격만 없다면 궁극적으로 아주 많이 오르기 어렵다는 분석이 상당히 합리적이라 생각한다. 다만 언급한 대로 주기가 길어질 가능성에는 유의해야 한다. 금리인상 사이클에 겪어야 할 고통은 분명히 클 것이다. 그러나 그 충격에 너무 크게 위축될 필요 또한 없을 것 같다.

- 9 -
과연 수익률곡선 역전은
경기침체가 다가온다는 신호일까?

커브 역전, 즉 장기금리에 비해 단기금리가 과도하게 상승하면서 채권 수익률 곡선이 우하향(단기금리>장기금리)하게 되면 얼마 안 있어 경기침체가 가시화된다는 주장이 있다. 이는 수익률곡선의 정의상 장기금리는 미래 기대수익률의 평균이므로 많은 경제주체가 경기가 점점 나빠져 미래의 금리가 점차 낮아질 것으로 예상하는 상황에서는 장기금리가 단기금리보다 낮을 수밖에 없다는 논리에 근거한다.

이 같은 커브의 경기 선행성은 정상적인 상황에서는 맞는다. 역사적으로 1970년대 이후 경기침체기 전에는 대체로 커브가 역전되는 현상이 먼저 발생했다. 2001년 닷컴버블, 2007년 금융위기, 2020년 팬데믹 위기 모두 위기 직전에 장단기 금리가 역전되었었다. 그러나 이 세 차례의 위기가 모두 시장에서 예측하기 어려운 돌발적인 상황이었다는 점을 감안하면 과연 커브 역전이 경기침체를 제대로 예측했는가에 대해서는 의문점이 있다. 즉, 먼 미래에 중앙은행이 경기침체를 피하려고 금리를 낮출 것이고 이에 따라 장기금리에 반영되는 기대 프리미엄이 낮아진다는 논리는 현재의 경제지표가 앞으로의 침체 신호를 포착하여 미리 변동해야 하는데 이 세 번의 위기 모두 그렇지 않았다는 이야기다. 바꾸어 말하면 어느 지표 하나 제대로 침체 신호를 포착하지도 않았는데 단순히 커브만 역전되었다고 해서 곧 경기침체가 다가올 것이라 예상하는 건 무리가 있다는 것이다.

특히 금융위기 이후 10년을 넘게 계속된 글로벌 유동성 공급이 2020년 팬데믹을 계기로 폭발적으로 늘어난 상황을 정상적이라고 보기는 어렵다. 주요국 중앙은행들의 B/S에 엄청난 규모의 국채가 자산으로 포함되어 있는 상황에서는 이들이 보유한 국채가 매물로 나올 때(긴축) 겪게 될 금리상승 압력은 클 수밖에 없다. 또한 커브 역전은 장기적으로 인플레이션이 안정적일 것이라는 시장의 믿음을 근거로 하는데, 인플레이션이 가중되어 중앙은행이 계속 금리를 올려야 하는 상황이라면 단기금리가 낮아지기도 어렵다. 인플레이션 우려가 있음에도 불구하고 중앙은행이 시장 불안을 잠재우기 위해 장기국채 매입(양적 완화)이라도 한다면 수급 요인에 의해 커브가 일시적으로 역전된 것일 수도 있다.

종합해서 볼 때 커브 역전의 경기 선행성은 정상적인 상황에서 경제지표의 움직임과 함께 보아야 한다. 글로벌 유동성이 넘쳐나는 가운데 경제지표가 뚜렷한 침체 신호를 포착하지도 못하거나, 나아가 인플레이션 우려가 큰 상황에서는 단순히 커브 역전만 가지고 앞으로 경기침체가 다가올 것으로 예측하는 건 잘 맞지 않는 해석일 수 있다.

- 10 -
이커머스 확산이 투자에 미칠 영향은?

　코로나의 긴 터널을 빠져나오면서 수요가 살아나고, 여기에 글로벌 공급망 교란, 지정학적 위험(러시아 우크라이나 전쟁)까지 겹치면서 전 세계가 인플레이션의 늪에 빠졌다. 사실 2021년 초반까지만 해도 과연 인플레이션이 올까? 하고 의문시하는 견해가 많았고, 지금의 인플레이션은 주로 공급충격에 의한 것이므로 길게 가지 않을 것으로 보는 시각이 우세했었다. 그만큼 금융위기 이후 글로벌 저성장과 낮은 인플레이션이 오랜 기간 계속되었고, 낮은 인플레이션이 일종의 구조적 변화라고 보는 시각이 많았던 게 사실이다.

　그 구조적 변화 한가운데에 이커머스(e-commerce)가 있다. 이커머스가 급격히 확산되면서 과거보다 고용시장의 유휴능력이 더 커졌고, 이 때문에 수요가 살아나도 임금 상승으로 잘 이어지지 않고 물가도 잘 자극하지 않는다는 논리이다. 이커머스의 경우 창고(warehouse)나 유통(logistics) 분야에서는 고용을 창출하지만, 고용효과가 큰 계산(cashier)이나 영업(sales) 분야에서는 고용을 줄일 수밖에 없어 결과적으로는 고용시장에 우호적이지 않다는 견해가 많다. 코로나 이후

구인난이 가중되면서 이커머스 확산에 따른 이 같은 유휴고용 우려가 많이 불식되긴 했지만, 이커머스 요인 자체만 본다면 틀린 이야기는 아니다.

주가지수 중에 DAI(Death by Amazon Index)라는 지수가 있다. 이는 이커머스의 최강자 아마존이 성공할수록 피해를 받는 기업들, 즉 오프라인 리테일 업체들의 주가만으로 구성된 지수인데, 2014년 이전까지는 전체 주가지수(S&P)와 유사한 흐름을 보였으나 그 이후로는 주가지수와 반대되는 움직임을 보이고 있다. 이는 이커머스가 주류로 부상함에 따라 기존의 상가, 몰, 백화점 같은 오프라인 업체들의 영업이 빠르게 부진해지고 있음을 방증한다. 이 같은 오프라인 상가의 부진은 이들 상가 등에 리스로 대여하여 수익을 올리는 부동산 투자펀드(Reits)의 성과를 부진하게 하는 요인이 되기도 한다.

향후 소매업 분야의 급격한 이커머스 확산이 고용시장, 부동산, 주식시장 등에 어떤 영향을 미칠지 아직은 불투명하다. 그러나 이커머스로 대표되는 리테일시장의 구조적 변화가 투자 패러다임 변화의 중심에 있는 큰 변수라는 점만은 분명해 보인다.

- 11 -
투자에서 투자대상국가의 문화는
얼마나 중요한가?

　글로벌 투자자에게 있어 투자국이나 투자대상국가의 문화를 이해하는 것이 얼마나 중요한지는 두말할 필요도 없을 것이다. 이와 관련하여 필자가 뉴욕에 근무할 때 있었던 한 예를 소개해 보고자 한다. 2015년 7월 삼성과 엘리엇(Elliott) 간 분쟁 과정에서 삼성이 반유대주의(anti-semitism)를 지지한다는 의혹을 받은 적이 있다. 이 때문에 잠시나마 글로벌 투자자, 특히 유대계 투자자들의 한국 투자에 묘한 기류가 흐른 적이 있었다. 삼성물산과 제일모직 간 합병과 관련한 양사 간 분쟁 과정에서 몇 주간 삼성물산 웹사이트에 게재되었던 반유대적 표현의 슬라이드(cartoon)와 유대계 자본의 영향력을 간접 비난한 국내 일부 칼럼 등이 반유대주의 의혹을 불러일으키면서 유대계 투자자들의 한국 투자에 일대 경고등이 켜진 것이다. 당시 미국의 대표적 유대 인권단체인 'The Simon Wiesenthal Center'가 삼성물산과 제일모직 경영층에 양사 간 합병과 관련한 반유대적 표현을 자제하도록 공식 요청한 데 이어 뉴욕 소재 대표적 유대 시민단체인 ADL(Anti-

Defamation League)[43]이 우리 정부에 삼성계열사 합병과 관련한 반유대적 표현 등을 시정해줄 것을 강하게 요구하는 등 투자 반발기류가 거세게 형성되었다.

이에 삼성물산과 제일모직이 재빨리 "삼성은 모든 투자자 개인을 존중하고 비차별적인 정책수행에 엄중을 기할 것"이며 "어떠한 형태의 반유대주의도 허용하지 않을 것"이라는 입장을 밝힌 서한을 ADL에 송부하고, 의도치 않게 특정기업을 비난한 것으로 해석될 소지가 있는 웹사이트상 슬라이드를 삭제한다는 서한을 뉴욕 언론('Observer')에 송부하는 등 적극적으로 대응하면서 오해가 풀렸다. 그러나 그 후에도 한동안 대 한국 투자에 대한 유대계 투자자금의 냉기는 지속될 수밖에 없었다. 글로벌 투자에 있어 투자국이나 투자대상국가의 문화를 이해하고 소통하는 것이 얼마나 중요한지를 일깨워주는 일대 해프닝이었다.

---

43 미국을 근거로 전 세계에서 활동하는 유대 시민단체(1913년 설립)로 반유대주의에 저항하고 민권을 수호하는 것을 기본 목표로 한다.

- 12 -
이젠 투자자들의 상호연계에 의한
네트워크 효과에 주목할 때

　밈(Meme) 주식이란 미디어나 온라인 커뮤니티 등을 통해 갑자기 대중의 관심을 받으며 부각되어 가격이 급등락하는 일종의 유행성 주식을 말한다. 2021년 초 공매도 세력의 타겟이 되어 급락한 주식을 개인 투자자들이 결집 매수함으로써 오히려 공매도 세력에 큰 손실을 안겼던 미 뉴욕거래소의 '게임스탑(GME)'이 대표적인 예이다. 미연준은 '21년 하반기 금융안정보고서에서 처음으로 이들 밈 주식을 시장변동성의 주된 증폭 요인으로 다루었다. 그만큼 밈 주식이 전체 주식시장 변동성에 미치는 영향이 크다고 본 것이다. 연준은 밈주식의 거래 폭증과 가격변동성 확대의 원인으로 투자자들의 위험선호 증가, 소셜 네트워크에 익숙한 젊은 개인 투자자들의 비중 확대[44], 거래플랫폼 확충에 따른 시장접근성 강화, 그리고 투자자 행동에 영향을 미치는 모바일 거래 앱과 소셜미디어의 영향력 증대 등을 들었다.

44　35세 이하 주주 비중이 2013년 이후 6%p 증가한 것으로 추정된다(FT).

연준은 아직 이러한 밈주식의 시장 영향이 전체 금융안정에 미치는 영향은 제한적이라고 진단하면서도 앞으로 금융시장 변동성에 미치는 영향력은 더 커질 수 있다고 보았다. 그 주된 이유로는 첫째, 밈주식의 주된 투자자들인 젊은 층은 대체로 차입에 의존한 투자자들인 경우가 많아 이들의 부채부담 증가가 주가 급변동 시 더 취약할 수밖에 없는 구조라는 점, 둘째, 밈주식 투자는 소셜미디어 등을 통한 투자자 간 상호작용에 크게 영향받기 때문에 주가가 급등락할 경우 투자자 간 상호작용이 더 증폭되어 시장불안정을 초래할 수 있다는 점, 셋째, 아직까지 금융기관의 리스크 관리시스템이 투자심리 변화에 거의 전적으로 의존하는 이 같은 밈주식 거래유형까지 다루지 못하고 있다는 점 등을 들었다.

주식거래에 있어 개인 투자자 비중이 증가하여 그 저변이 확충되는 것은 분명 긍정적인 변화이다. 그러나 한편으로 밈주식 투자와 같이 기업의 펀더멘털보다 투자자들의 상호연계에 의한 투자심리에 주로 의존하는 투자유형에 대해서는 특히 조심할 필요가 있다. 펀더멘털이 어느 정도 뒷받침되는 가운데 투자심리가 살아나 거래가 다시 활성화되는 경우라면 충분한 투자가치가 있을 테지만, 단순히 군중심리에만 의존하는 건 그 매매 타이밍을 가늠하기에 개인 투자자의 정보력으론 너무 어려울 수 있기 때문이다.

- 13 -
주식 거래소 마감 후엔
어떤 일들이 벌어질까?

　뉴욕 주식시장은 공식적으로 뉴욕 시각 9시 30분부터 4시까지 오 픈된다. 보통은 전 세계에서 가장 유동성이 풍부하고 변동성이 높은 이 시간대에 상장주식 손익의 대부분이 결정될 것으로 생각하기 쉬운데, 이상하게도 실제로는 그렇지 않다는 분석이 많다. 뉴욕 연준의 최근 연구에 따르면 실제 미국 상장주식의 수익 상당 부분이 뉴욕 거래소 외 시간에 전 세계 각지(아시아로부터 북유럽까지)의 다양한 전자거래 플랫폼을 통해 이루어지는 것으로 나타났다.

　이처럼 뉴욕 거래소 밖 시간대에 상당 부분의 손익이 결정되는 것에 대해 많은 해석이 존재한다. 이 가운데 헤지펀드 등 패스트 머니들이 단기차익을 위해 기계적, 시스템적으로 거래하는 과정에서 발생한다는 일부 해석이 있어 간단히 소개해 본다[13]. 헤지펀드 'De Shaw'의 前 퀀트분석가 Bruce Knuteson는 본인의 리서치를 통해 계량적, 수학적 알고리즘을 바탕으로 단기수익을 추구하는 일부 대형 퀀트 헤지펀드들이 그들이 이미 투자하고 있는 종목에 대해 시간 외에 대규모 자금을 투입하여 가격을 끌어올린다고 주장한다. 뉴욕 거래소가 마감하고 다른 시장으로 넘어간 후에는 시장유동성이 급격히 떨어져 이러한 대규모 매입이 시장가격에 미치는 영향이 극대화될 수밖에 없는데 헤지펀드들이 이를 노린다는 것이다. 그리고 시간이 지나 다시 뉴욕거래소 시장이 재개되면 시장 임팩트가 없도록 소량으로 반복해서 나누어 매각하여 차익을 실현하는데, 이미 시간 외에서 가격이 높아진 상황이므로 시장 임팩트 때문에 가격이 조금 낮아져도 결국은 차익을 실현할 수 있다는 것이다. 알고리즘에 따라 시스템적으로 시장 영향을 보아가면서 거래하기 때문에 장중에 특이한 변수만 없다면 시간 외 상승분이 장중 하락으로 상쇄되더라도 총체적으로는 수익을 거둘 수 있고, 이 같은 거래패턴이 매우 흔하다는 것이다.

반면, 파이낸셜 타임즈의 Robin Wigglesworth 같은 칼럼니스트는 Knuteson의 이 같은 주장은 일종의 음모론에 불과하며 크게 유념할 필요가 없다고 반박한다. 그의 논리는 이렇다. 첫째, 상당수 미국 기업이 장중이 아닌 장 종료 후 기업실적을 발표하고 이때 가격이 크게 출렁인다는 점에 주목한다. 즉 헤지펀드의 기술적 농간이라기보다는 정당한 기업실적 발표가 주가 손익을 결정하는 주된 요인이라는 것이다. 둘째, 뉴욕 거래소 장외 시간대에서 가격이 가장 많이 움직이는 시간대는 대체로 일정한데, 뉴욕 새벽 2시~3시, 즉 뉴욕 다음으로 규모가 큰 런던시장이 오픈되는 시점이라는 것이다. 즉, 일부 헤지펀드의 영향력이라고 보기는 어렵다는 것이다. 셋째, 뉴욕 시간대와 뉴욕 외 시간대 가격변동을 같은 기간별 평균변동으로 산출하면 양자 간 큰 차이가 없다는 점을 지적한다. 즉, 뉴욕 시간 외 시장에서의 손익변동이 뉴욕 장중 변동에 비해 크다고 말할 뚜렷한 근거는 없다는 것이다.

Knuteson의 주장이 맞는지, Wigglesworth의 반론이 맞는지는 잘 모른다. 그러나 두 주장 다 나름의 논리가 분명하고 충분히 설득력이 있어 어느 하나를 부정하긴 어렵다. 투자자로선 두 가지 논리에 모두 주의를 기울일 필요가 있다. 만약 Knuteson의 주장이 사실이라면 뉴욕 거래소 시장이 오픈되는 초기 시점에 투자하는 것은 되도록 피하는 것이 좋을 것이다. 자신의 판단이 아닌 누군가의 의도된 조작으로 내가 손해를 볼 수도 있다는 점을 상기하는 건 분명 투자에 도움이 된다.

- 14 -
이젠 투자대상의 젠더 이슈도
투자팩트로 고려해야 할 때

젠더 렌즈 투자(Gender lens investing)는 투자행위가 사회, 환경 등에 미치는 영향을 꼼꼼히 따져 투자하는 임팩트 투자의 한 유형으로 특히 여성의 경제활동, 사회적 이익 등에 초점을 두는 투자 스타일을 말한다. 앞서 이야기한 ESG 투자로 보자면 ESG 중 'S'에 해당한다. 2005년 여성 소유 또는 여성 경영진 비율이 높은 유럽 기업에 주로 투자하는 전략으로 조성된 프랑스의 펀드 'Valeurs Feminines Fund'에서 시작되어 이후 모건스탠리, 골드만삭스 등 투자은행, 유수의 자산운용사, 벤처 캐피탈 등이 유사한 전략의 투자를 활발히 하고 있다. 아직 여성 경영 비율이 높지 않고 여성의 사회적 이익과 관련한 투자 풀이 많지 않아 투자대상규모가 크지 않은 점, 여성에 초점을 둠에 따라 반대로 젠더 중립적 투자대상이 가져다줄 수 있는 이익을 포기할 수밖에 없다는 제법 큰 기회비용 등 단점이 많이 있지만, 능력 있는 여성 경영진을 포함함에 따른 기업 의사결정의 다양성 이익, 비차별적 리소스 활용이 기업이익에 주는 긍정적 효과 등 최근에는 장점이 더 부각되는 추세이다.

젠더 렌즈 투자는 '젠더 렌즈'라는 의미대로 여성의 사회적 이익에 초점을 두는 투자전략이지만 단순히 능력 있는 여성 인재의 활용 그 자체보다는 다양한 인재의 활용이라는 '다양성'이 투자성과에 긍정적이라는 믿음에 더 주목한다. 일반 펀드에 비해 성과가 좋다는 평가가 늘고는 있으나 아직 일반적인 컨센서스를 이루었다고 보기는 어렵다. 다만, 장기적인 관점에서 기업 매니지먼트의 다양성이 존중되고, 우수한 여성 리소스의 활용 가능성이 커지며, 경제 전반에서 여성 경제주체들의 활동이 활발해짐에 따른 영업이익의 증대 가능성 등 긍정적인 측면은 분명히 있다.

한편, 전 세계 헤지펀드 업계에서 여성 오너가 소유한 펀드 비중은 1%, 여성 펀드매니저가 운영하는 펀드 비중은 1/20 정도로 남성 편중이 심하다고 한다. 젊고 능력 있는 젊은 여성 인재일수록 창의적이고 유연한 근무환경, 육아 등을 위한 장기휴가 허용 등 우수 여성인력 채용 혜택을 강화하고 있는 IT분야를 더 선호한다고 한다. 기존에 헤지펀드에서 일하던 여성 매니저들마저도 상층부로 갈수록 남성 위주 경쟁 때문에 업계를 떠나는 경우가 많아 여성 매니저의 자체 충원도 쉽지 않다고 한다. 펀드 운영의 특성상 펀드 규모가 일정 수준에 미치지 못할 경우 목표수익을 달성하지 못할 가능성이 큰 점도 평균적으로 펀드 운용 규모가 소규모인 여성 매니저들에겐 성과제약 요인이 되고 있다.

실제로 여성 펀드매니저와 남성 펀드매니저 간 평균적인 수익률은 거의 비슷하지만 펀드규모를 늘리지 못해 해체되는 펀드의 비중은 여성의 경우가 훨씬 많다는 연구결과(Harvard, Northwestern)도 있다. 대부분 헤지펀드가 부티크형 소규모 기업이어서 펀드 규모의 크고 작음에 따른 성과 편차가 상대적으로 크다는 점도 여성 매니저들에게 불리하다. 인구의 절반이 여성이고 우수한 인재 가운데 적어도 절반이 여성인 시대에 헤지펀드 업계의 지나친 남성 편중은 경쟁력을 높이는 데 제약요인이 되고 있다. 만약 IT주와 금융주, IT채권과 금융채의 향방을 이 같은 인구학적 측면에서 가늠한다면 성별 편중이 덜한 IT분야의 경쟁력이 높을 것이라는 데 표가 더 많을 것이다.

젠더 이슈와 관련하여 마지막으로 남녀 임금격차에 대해 얘기해보자. 기업의 지속가능성을 확보한다는 차원에서 'ESG'가 대세인 요즘, '남녀 임금격차(gender pay gap)'에 관심을 두어야 한다는 글[14]이 있어 눈길을 끈다. 보통 ESG 세 가지 요인 가운데 가장 관심이 적은 분야가 'S'인데, 그중에서도 젠더 다양성 이슈에 있어서는 '이사진이나 고위 간부 구성 중 여성비율'과 같은 대표성 이슈에만 관심이 많지, '남녀 임금격차'와 같은 평등성 이슈에 대해서는 투자자들의 관심이 적다는 것이다. 젠더 다양성이 'S'의 중요한 요소인 이유는 기업 구성원이 다양할수록 양호하면서도 지속가능한 성과를 거둘 수 있다는 논리에 기초한다. 실제 남성 위주의 경영진에 비해 남녀가 균형을 이룬 경영진일수록 리스크 관리가 양호하다는 분석 결과도 많다. 그런데 여기서 더 나아가 동일 직무에서 남녀 임금격차가 적을수록 성별과 관계없이 업무자질이 높은 직원의 근무 의욕을 고취하여 결국 기업생산성이 높아진다는 것이다. 그러나 아직 보상 측면에서의 젠더 형평성에 대한 데이터나 기업 차원에서의 체계적인 관리가 미흡하므로 앞으로 'S'의 제고를 위해 이 젠더 형평성 이슈에도 많은 관심을 둘 필요가 있다는 주장이다.

앞으로 투자대상기업의 'S' 요소를 살펴볼 때 '젠더 다양성'만 살펴볼 것이 아니라 '젠더 형평성' 이슈에 대해서도 관심을 가질 필요가 있다.

- 15 -
데이터 디펜던트,
자칫 '비하인드 더 커브'가 될 수도 있다

2021년 초반까지만 해도 일시적 공급요인에 의한 인플레이션은 그리 오래갈 수 없다고 장담하던 연준이 2022년 중반 10%에 가까운 소비자물가 상승이 계속되자 생각이 확 바뀌었다. 인플레이션이 생각보다 더 오래갈 수 있고, 만약 기대 인플레이션 상승이 임금상승으로 이어지는 악순환[45]이 가속화된다면 더 큰 문제가 될 수 있다고 180도 입장을 바꾼 것이다. 즉 스스로 실패를 인정한 셈이다. 세상의 모든 기관이 전망이 틀리고 입장을 바꾼다 해도 문제 될 게 없지만 연준 같은 중앙은행은 다르다. 정책 스탠스를 바꾸는 데 신중해야 하고 바꾸더라도 시장과 충분한 소통을 통해 그럴 수밖에 없었음에 대한 철저한 양해를 구해야 한다. 그렇지 않으면 한순간에 시장의 신뢰를 잃고 존재기반을 잃는다. 이렇게 되면 두말할 것 없이 시장은 그야말로 패닉상태에 빠질 수 있다. 중앙은행의 통화정책이라는 것이 오로지 '시장의

---

45   임금상승이 서비스가격 상승으로 전가되어 인플레이션 압력을 더욱 부추기는 본격적인 인플레이션 국면을 이름

신뢰' 하나를 무기로 하는 것이기 때문에, 만약 정책 실패를 반복해서 시장의 믿음에 금이 간다면 중앙은행이 설 자리는 없어진다.

　그래서 중앙은행들이 자주 쓰는 용어 중 하나가 '데이터 디펜던트 (data dependent)라는 말이다. 말 그대로 경제상황을 나타내는 지표(데이터)를 보고 확인하면서 신중히 정책변화를 주겠다는 말인데, 가장 객관적이고 과학적인 정책접근이라고 할 수도 있지만, 일일이 데이터를 확인하느라 자칫 잘못하면 실기(失機, behind the curve)할 수도 있다는 맹점이 존재한다. 위에 언급한 연준의 상황이 바로 데이터 디펜던트하게 너무 신중히 정책을 펼치느라 금리인상의 적절한 타이밍을 놓친 '실기'의 대표적 사례라 할 수 있다. 일반적인 기관이라면 단순히 타이밍을 놓친 것이니 다시 정신차려 제대로 하기만 하면 충분히 실수를 만회할 수 있다. 그러나 중앙은행의 실기는 차원이 달라도 크게 다르다. 가장 큰 이유는 통화정책에는 항상 정책시행과 정책효과 발생 사이에 시차가 존재하기 때문이다. 실기를 만회하려 제대로 된 정책을 다시 펼친다 해도 이 시차 때문에 효과를 거두기 어려운 경우가 다반사다. 자칫하면 시장의 혼란을 부추겨 상황을 더 악화시킬 수도 있다. 예를 들면, 연준이 뒤늦게 '오랜 기간 높은 인플레이션이 지속될 수 있음'을 인정하고 공격적인 긴축정책을 펼칠 때 당장은 인플레이션 위험을 낮출 수 있지만, 한창 회복하려는 경기에 타격을 주어 자칫 경기침체에 빠질 수도 있다. 심하면 소위 '스태그플레이션'의 늪에 빠지는 상황도 배제하기 어렵다. 최악의 시나리오가 단순히 연준의 '실기'와 이를 회복하려는 무리한 '복구시도'에서 비롯될 수 있음을 간과해서는 안 된다.

이런 맥락에서 중앙은행의 정책 실패는 투자자들에게 치명적인 리스크 요인이 될 수 있음에 유의해야 한다. 사실 연준의 실기 위험은 몇 년 전부터 시장에서 공공연히 예견되었었다. 2020년 9월 연준은 2% '명목물가목표제'(Inflation Targeting) 대신 '평균물가목표제'(Average Inflation Targeting)를 새로 도입한다고 밝혔다. 즉 물가가 2%를 넘더라도 다시 2% 이내로 낮아질 것이 기대되어 평균적으로 2% 수준에 머물 것으로 전망되는 경우에는 금리를 인상하지 않겠다는 것이다. 그러나 이 AIT 제도는 통화정책의 유연성을 높여주는 효과는 있으나 태생적으로 연준이 실기할 위험 또한 높이는 부작용을 내포하고 있다. 아니나 다를까 물가가 2%를 넘는 상황에서도 금리를 올리지 않았고, 예상과 다르게 점점 물가상승 폭이 커지고 나서야 뒤늦게야 실기를 인정하고 서둘러 금리를 올리겠다고 공언한 것이다.

연준은 '실기'는 어느 정도 인정[46]해도, 좀처럼 '실패'는 인정하지 않는다. 만약 연준이 맞는다면 '실패'까지는 아닌 단순한 '실기' 해프닝으로 끝날 수 있겠지만, 틀린다면 또 이야기가 달라질 수 있다. 투자자라면 '인플레이션'과 '경기침체', 그리고 이에 직접적 영향을 주는 중앙

---

46 사실 '실기(失機)'에 대해서조차 처음 연준은 인플레이션과 고용안정 두 마리 토끼를 쫓다 보니 불가피했다거나(완전고용을 위해서는 섣불리 금리를 올리면 안 된다는 논리), 팬데믹으로 인해 경제예측 변수가 너무 많았다든가 하는 변명만 늘어놓으며 쉽게 인정하지 않았다.

은행의 정책 대응에 끊임없는 관심을 가져야 한다. 거시경제 상황, 특히 통화정책에 대한 이해는 바람직한 투자를 위해 아무리 강조해도 지나치지 않는다.

- 16 -
안전자산으로서
일본 엔화의 저력은 무시하기 어렵다.

　미 연준의 정책 실패가 더욱 공격적인 금리 인상으로 귀결될 것이라는 전망이 힘을 얻으면 얻을수록 더욱 힘이 빠지는 통화가 있는데, 바로 일본 엔화이다. 엔화는 2022년 들어 점점 하락세가 빨라지더니, 한때는 1985년 플라자 합의 무렵 이하로 떨어지기까지 했다. 미국을 비롯해 유럽조차 인플레이션에 대응해 고강도 긴축모드로 재빨리 전환하는데도 늦게까지 완화 기조를 유지한 거의 유일한 나라가 바로 일본이다.

　연준의 빠른 금리인상으로 전 세계 투자자금들이 금리가 높고 경기가 견조한 미국으로 더 몰리게 되면서 거의 제로금리에 가까운 일본 국채 등은 더더욱 투자 매력을 잃고 있다. 미래 경제전망에 따라 움직이는 환율은 이미 이런 변화를 반영했고 엔화는 2022년 들어 전 세계에서 가장 하락 폭이 큰 통화그룹에 속하게 되었다.

　이처럼 엔화가치 폭락에도 불구하고 엔화의 평가절하를 암묵적 정책목표로 채택해 왔던 일본은행(BOJ)은 오히려 엔화가치 하락이 경제에 나쁜 것이 아니라는 점만 되풀이해 왔다. 왜 그런 걸까? 이들이 이런 반트렌드적인 정책에 집착하는 이유는 무얼까? 버블 붕괴로 1990년대 소위 '잃어버린 10년'을 겪은 일본은 장기침체의 여파로 디플레이션 위험에 매우 민감하다. 여기에 인구 고령화와 기업 생산성 둔화까지 겹쳐 민간이 자생적으로 활력을 찾기 어려운 구조가 고착화되었고, 정부의 경기부양에 의존할 수밖에 없게 되었다. 소위 아베노믹스의 최전선 전령인 구로다의 BOJ는 일관되게 저금리, 저환율, 무제한 양적완화 기조를 유지하여 온 것이다. 이들의 목표는 한 가지, 수요를 되살려 인플레이션을 목표치(2%대)까지 높이겠다는 것. 이를 위해서라면 엔화가치 하락은 얼마든 용인하겠다는 것이었다.

그렇다면 미국과의 금리격차 확대 등으로 엔화가치는 앞으로도 계속 떨어지리라 전망하는 것이 옳을까? 최근 골드만 삭스의 FX 부문 전략 헤드, Zach Pandl[47]의 글[15]이 설득력이 있어 간단히 소개하고자 한다. 결론은 엔화가치 하락이 언제까지 계속될 수는 없다는 것이다. 그 이유로는 먼저, 최근의 엔화 급락은 기조적 하락이라기보다는 경기 요인에 의한 일시적 하락 성격이 강하다는 것이다. 예를 들어 엔화 약세의 한 원인인 일본의 경상수지 악화 문제는 원자재가격 상승이나 우

---

47 뉴욕 사무소 근무 중 골드만삭스 본사를 방문하여 면담한 적이 있었는데, 하버드 박사 출신의 젊고 패기 있는 전략가 이미지가 강했다. 보통 FX 분야는 워낙 다루어야 할 변수가 많아 정보지식의 커버리지가 넓고 빨라야 한다. 그래서인지 우리나라 경제에 대한 정보력의 수준도 매우 높은 편이었다.

크라이나 사태에 따른 공급망 충격 등이 완화되면 곧 해소될 수 있다는 것이다. 다음 이유로는 글로벌하게 진행되고 있는 인플레이션 압력이 일본이라고 해서 비켜 가긴 어렵다는 것이다. 일본의 물가상승이 아주 많이 낮긴 하지만 전 세계적 영향을 받을 수밖에 없으며 인플레이션이 진행되면 결국 BOJ도 금리인상을 들고나올 수밖에 없다는 것이다. 이렇게 되면 미국과의 금리격차도 완화되면서 엔화가치가 상승으로 돌아설 수 있게 된다. 마지막으로는 안전자산으로서의 엔화가치가 너무 저평가되어 있다는 것이다. 향후 글로벌 인플레이션이나 경기침체 같은 위험이 닥쳐올 때 안전자산으로서의 엔화는 재평가될 수밖에 없고, 결국 엔화수요가 늘어나 엔화가치도 상승할 수밖에 없다는 것이다.

글로벌 투자자들에게 일본경제는 역사적 충격(장기불황)이 워낙 크고 오랜 만큼 특수성이 많은 경제로 취급받는 경향이 강하다. 인구 고령화, 기업생산성 저하, 기업들의 약한 가격결정력, 강한 정부의존 등 특수성이 있음은 분명하다. 그러나 일본도 경제의 기초체력에 있어서는 미국, 유럽 등 선진국과 크게 다르지 않다. 즉 경제의 복원력이 강해 과소평가하기 어려운 펀더멘털을 가지고 있다는 이야기다. 기축통화이면서도 안전통화로서 오랫동안 굳건히 자리를 지켜온 엔화를 최근의 가파른 엔저를 이유로 과소평가하기에는 아직 이를 수 있다.

- 17 -
다음 위기는 어떤 모습으로 다가올까?

전 세계 금융시장이 리셋(reset)된 혁명적 계기가 된 2008년 금융위기가 지난 지 벌써 10년을 훌쩍 넘었다. '10년 위기설'을 근거로 다시금 위기가 온다고 하더니 아직도 세계 경제는 비교적 견조히 움직이고 있다. 물론 코로나 위기가 있었다. 그러나 코로나19라는 외생적 충격에 따른 위기는 보통 이야기하는 경기사이클에 기초한 주기적 위기와는 다르다. 그렇다면 어떻게 이처럼 오랜 기간 이렇다 할 위기 없이 세계 경제가 흘러온 것일까?

금융위기 이후 세계경제가 순항할 수 있었던 배경으로는 세계 금융시스템의 재편을 꼽는 시각이 많다[16]. 금융위기를 통해 대형은행이 하나라도 갑자기 무너지게 되면 리스크 전이에 의해 금융시스템 전체가 붕괴될 수 있음을 깨닫게 되면서 금융기관에 엄격한 자본규율(capital rule)을 부과하고 금융안정성 강화에 최우선 중점을 두었다. 한편으론 디지털라이제이션이 빠르게 진행되면서 IT기반 플랫폼 거래가 활발하게 되었고, 이에 따라 보다 저렴한 비용으로 신속하게 전 세계적으로 거래가 이루어지면서 세계 자본시장이 크게 효율화되었다.

이 같은 국제금융시장의 자본 룰 강화, 디지털 효율화는 그 자체로 서 과거 리만 브라더스의 붕괴로부터 비롯된 금융위기의 리스크를 많이 줄였다. 그러나 한편으론 또 다른 형태의 새로운 위험을 잉태하기도 하였다. 첫째, 금융위기 이후 풍부해진 시장유동성을 바탕으로 엄청나게 커진 비은행권(헤지펀드, 뮤추얼펀드, 부동산펀드 등)의 과도한 레버리지 위험이다. 강화된 자본 규제로 은행권의 재무상황은 양호해졌지만 동시에 규제가 덜한 비은행권으로 투자자금이 몰리는 풍선효과를 유발하였다. 즉 규제가 덜한 비은행권, 특히 펀드의 자금 규모가 빠른 속도로 비대해졌는데, 문제는 절대 수익을 극대화하고자 하는 이들 펀드의 특성상 레버리지를 과도하게 가져갈 유인이 매우 커졌다는 점이다. 이를 규제할 수단이 부족한 상황(비은행권의 특성상 규제가 적다)에서 그 위험은 더욱 커질 수밖에 없는데, 일개 펀드가 세계 금융시장을 뒤흔들었던 2021년 미국 아르케고스(Archegos) 펀드 사태[48]를 보면 쉽게 이해할 수 있다.

또 한 가지 리스크는 디지털 효율화로 시장에 무수히 난립하게 된 중소 거래 플랫폼, 알고리즘 거래 등으로 시장충격이 의도치 않은 방향으로 증폭될 위험이 커졌다는 것이다. 세계에서 가장 효율적 시장이라는 미국채시장을 예로 들면, 앞서 언급한 대로 어떤 충격이 가해

48　부유층 자산관리를 주로 하는 헤지펀드 '아르케고스 캐피탈'이 높은 레버리지를 통해 저평가 주식현물을 사고 고평가 주식선물을 파는 롱숏 전략을 쓰는 과정에서 해당 주가의 급락에 따른 대규모 마진콜을 이행하지 못하게 되고, 이에 따라 거래은행(크레딧스위스, 노무라 등) 및 담보물 주가가 큰 폭으로 하락하였다.

졌을 때 시장변동성이 과거보다 훨씬 높아졌는데, 고빈도거래(high-frequency trading)를 위주로 하는 단기투자자들이 거래플랫폼을 통해 기계적으로 반응하는 비중이 빠르게 확대된 데 주된 원인이 있는 것으로 알려져 있다. 앱 기반 중개기관(예: Robinhood)을 통해 개미투자자들의 시장 참여가 빠르게 확대된 것도 시장을 효율화하는 데는 긍정적이지만, 일종의 군집행동을 촉발하여 시장변동성을 확대시키는 요인이 되고 있다.

앞으로도 위기는 계속 올 것이다. 그러나 과거처럼 경기 사이클의 변동에 따라 주기적으로 찾아오는 그런 형태의 위기는 아닐 것이다. 이는 금융위기를 거치면서 금융시장이 일대 구조적 변화가 겪은 데 따른 것이다. 앞으로는 거대한 거시경제 환경 변화나 거대은행의 파산과 같은 빅 픽처가 주기적으로 위기를 주도한다기보다는 어느 작은 충격이 다양한 플랫폼을 통해 일파만파 되는 형태로 예측할 수 없는 시기에 갑자기 위기가 닥칠 가능성이 커졌다. 투자자들의 위기관도 이같은 구조적 변화를 철저히 인식하고, 아무리 작은 충격이라도 그 여파가 심각할 수 있다고 판단되면 어느 한 분야의 충격도 무시하지 않고 세밀히 살피면서 충격의 흐름을 따라가는 방식으로 바뀔 필요가 있다.

필자는 20년 이상을 공적 투자기관의 자산운용 실무자로 국제 자산운용업계에서 일해 왔다. 민간투자기관이 아니어서 금융상품의 디테일이나 재테크 등에서 전문가는 아니다. 하지만, 오히려 공적 기관이라 더 많은 민간기관과 상대해야 했고, 뉴욕 현지에 근무하며 글로벌 리얼머니만의 네트워크에 참여하는 등 국제금융시장의 전체적인 흐름을 파악하는 데는 더 유리한 커리어였다고 생각한다. 그래서 더욱 체감할 수 있었던 건 우리 금융의 상대적 부진이다. 지금껏 우리 금융산업도 많은 발전을 이루어 오긴 했지만, 아직도 많은 규제와 비효율성, 관치의 위험성 등 헤쳐 나가야 할 난제들이 많다.

금융은 인체로 얘기하면 혈맥이다. 수많은 펀드들은 모세혈관이다. 아무리 몸집이 커지고 두뇌가 발달해도 경제의 심장으로부터 전달된 피를 실물경제 곳곳에 공급하는 혈맥이, 혈관이 잘 작동하지 않으면 그 경제는 지속 발전하기 어렵다. 세계 10위 내 경제규모를 자랑하는 우리의 경제적 역량은 이미 입증되었다. 메모리 반도체 1위국이며, 세계에서 가장 IT 인프라가 잘 갖추어진 나라, 인적자원의 질이 뛰어나며 디지털 콘텐츠의 선두를 달리는 나라. 하지만 금융은 이에 비해 한참 뒤처져 있다.

사실 우리나라가 선진국보다 금융이 덜 발달했다는 말은 어제오늘만의 이야기는 아니다. 벌써 10년 전, 20년 전부터 늘상 되풀이되어 온 이야기다. 그런데도 별다른 변화와 혁신이 잘 이루어지지 않는 건 왜일까? 우선은 얽히고설킨 규제 때문이다. 우리 금융산업에는 일일이 열거하기 어려울 정도로 많은 규제가 분야별로 걸쳐져 있다. 물론 금융은 경제에 미치는 파급력이 워낙 커서 다른 산업과는 달리 불가피하게 규제가 필요한 부분이 있다. 금융소비자 보호가 대표적 예이다. 그러나 우리 금융은 업권 간 칸막이 등 불필요한 규제가 너무나 오랜 세월 존치되어 온 게 부정할 수 없는 사실이다. 최근에는 빅테크 기업들이 금융에 진출하면서 기존의 수많은 규제가 다시 재조명되고 있는데, 많은 부분이 해결되기 위해선 여전히 갈 길이 멀다. 다음은 정부의 의지다. 어느 나라든 금융은 돈줄이기 때문에 이를 활용하고자 하는 정치적 유인이 태생적으로 강할 수밖에 없다. 관치나 낙하산 등 정부와 관련된 금융 이슈들이 쉽사리 사라지지 않는 것도 이 같은 금융의 파워풀한 속성 때문이다. 여기에 어떤 정치적 이념 같은 요인마저 개입된다면 문제는 더욱 어려워진다. 철저히 자본주의적, 시장주의적으로 풀어야 할 논리들이 경제외적 요인들에 의해 왜곡될 때 금융산업에 더 이상의 발전을 기대하긴 어렵다.

금융에 대한 대중의 일반적인 이해나 인식의 폭이 넓지 않은 점 또한 짚어보아야 할 부분이다. 금융을 단순히 은행 예적금이나 대출, 주식, 채권 등 일부 전통 상품만으로만 인식하고, 보유자산의 대부분을 부동산에 올인하는 지출구조가 광범위한 상황에서 금융을 선진 산업으로 발전시키긴 어렵다. 일반의 금융인식을 더 넓게 하고 다양한 금융서비스를 제공하기 위한 보다 혁신적인 노력이 있어야 하는데, 금융기관들의 보수적 성향은 좀처럼 큰 움직임을 보이지 않는 것 같다. 다만 이 마지막 포인트는 최근 금융자산 가격의 급등으로 일반인들의 FOMO 증후군이 확산됨에 따라 많은 발전을 이루긴 했다. 계기가 조금 이상하긴 하지만 결과적으로 금융 전반에 대한 일반인들의 관심이 높아졌다는 점은 매우 긍정적인 변화라 할 수 있다. 마지막으로 중앙은행의 독립성 강화이다. 금융의 중심에 있는 중앙은행이 정부의 입김이나 정치적 영향을 받는다면 그 나라의 금융 발전은 기대하기 어렵다. 이 부분 역시 그간 중앙은행의 독립성 강화가 필연적이라는 쪽으로 국민적 공감과 사회적 합의가 이루어져 온 터여서 어느 정도는 긍정적이라 보고 싶다. 다만 경기나 금융이 불안할 때 정부의 개입이 강해지면서 자칫 금리결정 등 중앙은행이 독립적으로 수행해야 할 영역까지 간섭할 유인이 높아질 수 있어 통화정책의 독립성을 지켜줄 범국민적 견제가 꼭 필요하다.

우리 금융의 발전을 위해서는 위에서 언급한 첫째 이유와 둘째 이유, 즉 지나친 규제나 정치적 유인 등을 반드시 혁파해야 한다. 그리고 선진국으로 도약하기 위한 전제조건으로 금융의 발전이 필수적임을 사회 전체적으로 절실하게 인식해야 한다. 이 책이 이 부분에 기여하기는 어려울 것이다. 다만 셋째 이유, 즉 금융, 특히 자산운용에 대한 일반의 인식을 높이는 데는 조금이나마 기여할 수 있기를, 조심스레 기대하며 글을 맺는다.

참고 자료

1. FT(2022.8.12), 'Next financial crisis is likely to centre on private investments'

2. Economist, "Climate investing, Green party", 10.9~15.2021

3. FT('22.1.26), 'Hedge fund short sellers target green energy stocks'

4. Goldman Sachs Prime Services

5. FT('22.1.7), 'Growth equity booms as one of private capital's hottest areas'

6. Antti Ilmanen, 'Investing Amid Low Expected Returns : Making the Most When Markets Offer the Least'

7. FT('22.3.23) 'US watchdog's ruling on bond ETFs raises risks'

8. JP Morgan, 'Introduction to Portfolio Management' 일부 참조

9. Jae Yong Choi, Junesuh Yi, Sun-Joong Yoon, 'A better criterion for forced selling in bond markets: Credit rating versus credit spreads'(Nov, 2020, Finance Research Letters)

10. FT('21.10.29), 'China needs to learn lessons from Japan's 1990s collape'

11. FT('21.10.6), "Central banks haunted by fears of stagflation",

12. The Economist('22.2.5~11), 'How high will interest rates go?'

13. FT('22.1.28), 'The curious case of stocks in the night time'

14. FT('22.3.9), 'Diversity efforts must also tackle gender pay gaps'

15. FT('22.5.6), 'Yen will become a cheap haven for uncertain times'

16. The Economist('22.2.12~18), 'When the ride ends'

투자팁스

초판 1쇄 인쇄 2023년 02월 07일
초판 1쇄 발행 2023년 02월 15일
지은이 최재용

펴낸이 김양수
책임편집 이정은
편집디자인 안은숙
교정 맑은샘

펴낸곳 휴앤스토리
출판등록 제2016-000014
주소 경기도 고양시 일산서구 중앙로 1456(주엽동) 서현프라자 604호
전화 031) 906-5006
팩스 031) 906-5079
홈페이지 www.booksam.kr
블로그 http://blog.naver.com/okbook1234
포스트 http://naver.me/GOjsbqes
인스타그램 @okbook_
이메일 okbook1234@naver.com

ISBN 979-11-89254-83-4 (03320)

맑은샘, 휴앤스토리 브랜드와 함께하는 출판사입니다.